主编 曹笑笑

副主编 刘 彬 郑 蓉

中沙合作

与

浙江机遇

COOPERATION BETWEEN CHINA
AND SAUDI ARABIA AND OPPORTUNITIES IN ZHEJIANG

社会科学文献出版社
SOCIAL SCIENCES ACADEMIC PRESS (CHINA)

本书得到浙江外国语学院国别和区域研究中心建设项目、
浙江省"一带一路"研究智库培育单位项目资助

目　录

第一章 "沙特2030愿景"解读

周 烈

2016 年 4 月 25 日，沙特阿拉伯内阁批准了沙特经济与发展事务委员会提交的"沙特 2030 愿景"，并交由该委员会实施。"沙特 2030 愿景"的出台，在沙特、在整个阿拉伯世界，甚至在全球都引起了不小的轰动。对这样一份重要的政策性文件进行深入研究和全面解读，将对进一步了解沙特，了解沙特的政治、经济、社会、文化及其发展方向，了解沙特人的希望和沙特的社会现实具有积极的意义。

第一节 "沙特2030愿景"出台的背景

沙特之所以出台这样一个愿景计划，具有一定的国内和国际背景，主要可以从石油低价、阿拉伯社会的动荡与转型以及地缘政治压力方面进行分析。

一　石油低价

刺激沙特阿拉伯经济结构调整的直接催化剂是国际油价的暴跌。自20世纪以来,沙特阿拉伯一直是世界产油大国。沙特经济严重依赖石油,石油销售贡献了沙特政府大部分的收入。目前,沙特政府90%的预算收入来自碳氢化合物。沙特政府财政预算是以每桶80美元为标准制定的,自2014年下半年国际油价开始暴跌,致使沙特政府步履维艰。沙特政府已连续出现近千亿美元规模的财政赤字,7000多亿美元的外汇储备已耗去近1/3。为了控制财政赤字,沙特政府必须削减至少5%的财政开支,这使得其对企业的付款出现了滞后,造成了一些企业的现金流紧张问题,甚至还爆发了工人骚乱。如阿卜杜勒·阿齐兹国王国际机场扩建工程中的工人因领不到工资而发生骚乱,政府不得不介入。① 为了弥补赤字缺口,沙特政府不仅大幅削减支出,而且还大量出售海外资产,并首次在海外发债。

沙特官员一直担心沙特阿拉伯王国经济多元化不足的短板,可能会影响其金融的长期稳定。时任副王储的穆罕默德·本·萨勒曼在接受阿拉伯卫星电视台采访时表示:"过去很多年来,沙特人已经养成了'油瘾',这是很危险的,它阻碍了国家各项事业的发展。"他称,"沙特今后主要收入来源将是投资、民用和军事工业、房地产和旅游业,而不是石油"②。

---

① 《沙特的2030愿景并不是万金油》,和讯网,http://gold.hexun.com/2016 - 06 - 04/184241315。

② 《沙特制定"愿景2030"计划　欲摆脱对石油依赖》,亚洲财经网,http://www.asiafinance.cn/wh/19548.jhtml/2017 - 3 - 30。

正是在这样的背景下，同时也为了摆脱对石油的依赖，沙特经济与发展事务委员会才于 2016 年 4 月提出了这项长期改革计划——"沙特 2030 愿景"（以下各文均简称"愿景"）。

二　阿拉伯社会的动荡与转型

2010 年底一场始于突尼斯的政治和社会动荡几乎席卷整个阿拉伯世界。动荡迫使突尼斯总统出逃国外；埃及总统宣布辞职下台，并导致埃及在两年内连续发生两次革命，在经历两次政权更迭后，埃及重新回归军人执政的状态；利比亚卡扎菲政权被推翻，卡扎菲本人也命丧反对派的枪下，利比亚至今战乱不断，局势极不稳定；也门虽然进行了和平的权力交接，但很快就陷入战乱的泥潭之中，反对派和总统派争斗激烈，极端组织趁机作乱，再加上外部势力的干预，都使得局势及动荡进一步复杂化；巴林的群众抗议活动在沙特和阿联酋出兵干预后，得到了暂时的平息；叙利亚更是深陷内战和各种势力的博弈之中，至今国内和平仍然没有实现。除卡塔尔和阿联酋两国外，其他阿拉伯国家也都出现了一些抗议浪潮，就连沙特阿拉伯也连续发生民众上街示威游行活动，要求改革，并与警方发生流血冲突的事件。

阿拉伯世界发生的这场动荡，致使阿拉伯国家元气大伤，社会更加分裂，内聚力明显减弱，经济情况进一步恶化，恐怖主义、极端组织更加猖獗。事实证明，动荡后的政府，不论是原来的政府，还是新组建的政府，都是弱势政府，或者说看起来更加民主的政府。它们受到各种因素和不同派别的牵制，在决策时不得不更多地考虑民意。

　　在这次地区动荡中，沙特虽然采取各项措施，暂时缓解了国内以及与周边国家之间的各种不安定因素，逃过了社会大动荡之劫，但其社会结构存在诸多问题，如民众要求民主自由、公正公平、改革开放的强烈呼声，也深深地触动着王室的权威与神经，威胁着沙特的稳定与发展。

　　其中沙特社会利益分配不公的问题将永远是影响沙特社会安定的因素。同时，西方世界推行的政治制度、民主观念也给以伊斯兰教为国教，实行政教合一体制的沙特社会、政治、经济、文化造成极大冲击。在"阿拉伯之春"的背景下，沙特社会成员的基本权利得不到保障这一问题极易被国外敌对势力所利用，从而掀起沙特民众反抗政府的行动。由此可见，在内外因素的共同影响下，当代沙特虽然在经济发展水平、国民收入与福利方面属于阿拉伯世界中最发达的国家之一，同时也在世界能源和经济领域发挥着举足轻重的作用，却暗藏着极易导致社会出现不稳定局面的隐患。

　　在当今阿拉伯世界持续动荡，且积极寻求社会转型的背景下，为应对经济全球化与政治民主化的挑战，沙特王室推出"愿景"计划，试图渐进式地推进沙特政治经济改革，逐步增加民众话语权、提高社会保障力度，在保守势力与革新势力间寻求平衡，以确保王权的延续，力求王国的稳定与发展。

三　地缘政治压力

　　在当前中东地区形势复杂多变的情况下，沙特面临着严峻的地缘政治压力。首先是沙特与伊朗之间的明争暗斗。伊朗伊斯兰革命后，将所有依附美国的海湾君主制阿拉伯国家视为"非法政权"，向其输出革命，支持这些国家的什叶派反对力量。伊朗咄咄逼人的攻势，引发沙特等逊尼派阿拉伯国家的恐惧。它们被迫采取联合自保的策略，成立海湾阿拉伯国家合作委员会，共同应对伊朗的攻势。在萨达姆政权被推翻、什叶派在伊拉克掌权后，伊朗利用有利的地缘政治环境，谋求在中东地区的势力扩张。特别是由伊朗－叙利亚－伊拉克什叶派－黎巴嫩真主党组成的什叶派联盟，更是让沙特等海湾国家感到前所未有的压力。逊尼派阿拉伯国家对伊朗的恐惧还源于其核计划。伊朗持续多年的核研发活动，使逊尼派阿拉伯国家深受其威胁。国际社会解除对伊朗的制裁后，伊朗扩大石油出口，大力发展经济，努力提升国家的整体实力，这一系列举动使得作为伊朗地区竞争对手的沙特感到巨大的压力与挑战。

其次是沙特在也门、叙利亚等周边国家的深度介入。对于作为沙特"后院"的邻国也门，沙特长期以来一直在尽力维护其稳定。但在胡塞武装占领萨那，也门总统哈迪逃到亚丁后，沙特立即停止了对也门的一切经济援助，并以派军、炮轰和空袭的方式试图消灭胡塞武装。沙特主导这场对也门的军事行动虽然耗资巨大，但却远未实现其既定目标。

叙利亚的乱局也给沙特造成了不利影响。沙特深度介入叙利亚危机，但叙利亚局势却正朝着不利于沙特的方向发展。为了处理好"阿拉伯之春"的余震，重塑中东地缘政治格局，叙利亚无疑是沙特对外政策中的关键一环。沙特与卡塔尔、土耳其一起向叙利亚反对派输送资金，与约旦一起协调对反对派武装的训练，从克罗地亚安排运输军火，甚至还就军事训练向巴基斯坦寻求了帮助。① 在叙利亚问题上，沙特其实是在充当推翻巴沙尔政权的急先锋，但却没有达到其预想的目的。巴沙尔政权至今没有被打垮，反而是沙特支持的叙利亚反对派力量正在不断被削弱。

最后是沙特与其盟友美国之间摩擦不断。出于国家战略利益的需要，美国是沙特在阿拉伯世界之外最亲密的盟友，而沙特也是美国在海湾地区不可或缺的战略支柱。美国把沙特作为其在中东和全球战略中的重要一环，以期实现美国在中东地区的霸权。沙特则一直在谋求美国的支持和保护，以便长久地维持沙特王室在国内统治的同时抵御外来势力的种种挑战，确保沙特在海湾和中东地区的领导地位。

但自 2001 年 "9·11" 事件以来，沙美关系遭受重大冲击。美国国内有不少人认定沙特就是 "9·11" 事件的罪魁祸首，是恐怖主义的支持者。之后又因伊核问题和叙利亚危机等问题与以美国为首的西方世界分歧不断，嫌隙渐生。特朗普总统上台后喊出 "美国优先"，对于中东事务似乎关注度不高，这令中东各国尤其是沙特充满危机感。

在这样的地缘政治压力背景下，为了应对来自各方的挑战，沙特出台了 "愿景" 计划，试图稳定国内局势，努力发展经济，实行多边外交，以提升自己的综合实力。

第二节　"沙特2030愿景" 的重大意义

"愿景" 以沙特是伊斯兰教的心脏地带，具有巨大的投资实

---

① 王自励：《后 "阿拉伯之春" 沙特的中东政策发生了哪些变化》，和讯网，http://opinion.hexun.com/2015－09－28/179516960.html。

力，是连接亚非欧的全球枢纽为三大支柱，提出了建立"充满活力的社会、繁荣的经济、雄心壮志的国家"的宏大目标，这无疑是一份雄心勃勃的全面改革蓝图。这样一份愿景规划必将在沙特、阿拉伯世界和全球产生广泛的影响，其意义将是十分重大和深远的。

一　解放思想、突破禁锢

"愿景"所体现的第一大意义是解放思想、突破禁锢。解放思想，就是让禁锢的思想获得自由。解放思想的实质是使思想获得自由更新的权利，从而能够推陈出新，指导人的行为应对不断变化的世界。解放思想的过程，就是思想和实际相符合的过程。

封建社会盘根错节的思想残余和旧习惯、传统思想的糟粕、非理性地对待宗教、权力话语对社会思潮和个人思想的越位导向、思想传播机制的过分制度化，都可能是禁锢思想解放的源头。

沙特阿拉伯是一个以《古兰经》为执法依据，宗教高于一切的国家。长期以来，王室家族控制着整个国家，禁止任何政党存在，至高无上的王室说一不二。同时沙特还有着众多的社会禁忌，常常被称为世界上最封闭、最保守的国家之一。

"愿景"提出的第一大目标就是建立充满活力的社会，这一点就可以说明"愿景"是解放思想、突破禁锢的具体体现，起码是向沙特全国，乃至全球释放解放思想、突破禁锢的信号。正因为承认沙特社会活力不足，或者说没有活力，才需要提出建立活力社会。在沙特这样的国家，认识到社会缺乏活力这样的问题需要理性和睿智，更需要胆识和勇气提出解决问题的方案。

"愿景"明确提出文化娱乐活动是优质生活密不可分的部分，

但现有的文娱活动并不足以满足本国民众日益增长的需求，与本国繁荣的经济不协调。因此，沙特政府将鼓励并支持地区、省级、非营利与私营机构举办文化活动；将举办更多更丰富的文娱活动，开放专门的文娱场所，为公众提供展示才艺的舞台；还将对相关条例进行重新审核，简化建立和注册业余、社交以及文化俱乐部的流程。须知在沙特，抽烟、饮酒乃至唱歌跳舞一直都被视为是堕落的表现、犯罪的开始。同时沙特还是当今世界唯一一个才刚刚开禁放映电影的国家。在这样的背景下，"愿景"能对文化娱乐活动做出如此明确的阐述，其意义非同一般。

"愿景"还提出，人们定期锻炼的机会非常有限，但是沙特政府将改变这一现状，将大范围鼓励日常体育锻炼和竞技活动，与私营部门携手合作，提供更多的锻炼设施与项目，以有利于民众积极参与丰富多彩的休闲体育活动。

同时"愿景"还呼吁给予男女平等的机会，认为沙特女性也是一笔伟大的社会财富，应该挖掘她们的潜能，培养她们的职业能力，帮助她们构筑更加光明的未来，为社会和经济发展贡献力量。并明确提出将女性在劳动力构成中的占比从现在的 22% 提高到 30%。

没有人能保证这些美好的愿望有多少能成为现实，但同样也没有人能否认这份"愿景"所透视出非凡的意义、潜力与前景。

二 立足发展、全面改革

"愿景"所体现的第二大意义是立足发展、全面改革。沙特领导人已经明确认识到，没有发展就没有进步，没有改革社会就是死水一潭，不进则退，不变则死，加快发展才是沙特的头等大事。为此，"愿景"提出了全面的改革发展目标和具体措施。

"愿景"准确把握立足发展、全面改革的方向，明确提出构建稳固且成效卓越的社会，建立新的能源城市，建设世界上最宜居的城市。

"愿景"以经济体制改革为立足发展、全面改革的重点；注重发挥市场在资源配置中所起的决定性作用；提出鼓励私营部门参与房地产开发；继续实行国有资产私有化；进一步完善投资方式，努力提高基金的管理效率和投资回报率；继续为证券市场投资与交易提供畅通的渠道，为沙特私营和国有企业的上市提供便利。

"愿景"认为立足发展、全面改革的核心问题是处理好政府和市场的关系。发挥好政府在改革发展中维持宏观经济稳定，加强和优化公共服务，维护市场秩序，弥补市场失灵，推进国家治理体系和治理能力现代化的作用，因而"愿景"提出了努力推行社会福利制度的现代化改革；营造对国内外有识之士极具吸引力的社会环境；大力支持前景广阔的产业，努力实现可再生能源与工业设备产业的本土化；开发符合国际最高标准的旅游项目，简化游客的签证办理流程，开发本国的名胜古迹；加大对数字技术的投资力度；为本国的矿产资源开采提供鼓励政策；鼓励国内外投资者对医疗、市政服务、住房、金融和能源等领域进行投资；实现国防工业本土化；建立特区；促进零售业的蓬勃发展；完善数字化基础设施；构建高效、负责的政府。

"愿景"提出的这些目标和措施，将为沙特社会的建设和发展提供强大动力和有力保障，充分体现了沙特领导人实行改革的坚定决心和巨大勇气，充分体现了他们对国家富强、民族振兴、人民幸福的深谋远虑和责任担当。

"愿景"以推进国家治理体系和治理能力现代化作为全面深化改革的总目标，对经济、政治、文化、社会等多个层面的制度改革进行了全面部署，突出体现了改革的系统性、整体性、协同性，提出了许多新构想、新观念、新举措，描绘了新蓝图、新愿景、新目标，是沙特立足发展、全面改革的一次总部署、总动员，在沙特社会现代化建设进程中具有里程碑式的意义。

三　顺应时代、顺应民意

"愿景"所体现的第三大意义是顺应时代、顺应民意。在现代社会和市场经济条件下，一种重要的政策体系，必须同时做到两个方面的"顺应"，既顺应时代潮流，能够顺应生产力发展的趋势，同时又顺应民意，能够得到大多数社会成员的认同，才具有生命力、可持续性、积极的长远社会效应。[①]

"愿景"顺应现代化、全球化发展的新潮流，顺应新型城镇化建设和现代信息技术飞速发展的新形势，高度重视工业文明进步的思路和理念，以敏锐的眼光、超前的理念，针对经济社会发展的新情况，提出了社会、经济、国家建设三大主题，强调要实现"充满活力的社会、繁荣的经济、雄心壮志的国家"的宏伟目标，明确了未来 15 年在经济、政治、军事、社会等方面的发展方向。"愿景"提出了通过改善商业环境、支持中小企业发展、国家投

---

① 　吴忠民：《"顺应时代潮流"与"顺应民意"缺一不可》，《光明日报》2015 年
　　7 月 22 日，第 13 版。

资、发展非石油产业、发展私营企业等途径，来实现沙特经济战略转型，由单纯依靠石油出口向经济多元化发展为奋斗目标，描绘了一幅未来发展的美好蓝图。

"愿景"顺应民众诉求，以促进社会公平正义、增进人民福祉为出发点和落脚点，就儿童教育、青壮年安居乐业、人们的健康医疗、体育娱乐、妇女工作、住房福利等关乎普通百姓切身利益的问题，提出了明确的目标和解决措施。

"愿景"顺应时代、顺应民意，是沙特在新的历史起点上全面推进社会发展和进步的行动纲领，必将在沙特，在阿拉伯世界的发展史上留下浓墨重彩的一笔。沙特人如何进行这场重要的经济结构调整正受到海湾合作委员会其他五个成员国以及世界其他国家的密切关注。若沙特阿拉伯的经济转型，包括制度改革和经济激励重组等方面取得成功，那么该地区其他内外面临类似挑战的国家也会受到启发，乃至效仿。

第三节　沙特实现"沙特2030愿景"面临的挑战

经济转型异常艰难，特别是如此规模和范畴的转型自然避免不了风险。决策者意愿的正确未必就意味着决策的成功。沙特想要通过经济改革来彻底摆脱对石油的依赖将会异常艰难。"愿景"的实现将会非常耗时耗力，也将会面临诸多的阻力与挑战。

一　宗教势力的挑战

沙特是一个政教合一的国家，实行严格的伊斯兰教法，《古兰经》是法律的依据。沙特国内的宗教势力十分强大，渗透进国家事务的方方面面。沙特政府的重大决策必须考虑沙特宗教界的意向，必须事先与宗教界人士达成共识，获得他们足够的理解与支持。

"愿景"高度重视发展文体活动，在"活力社会"部分，提出到 2020 年要建立 450 个注册的、专业化组织的业余俱乐部，把家庭文娱支出占比从现在的 2.9% 提高到 2030 年的 6%。

沙特阿拉伯全国没有夜总会和电影院，传统的娱乐活动只有赛马、赛骆驼和猎鹰比赛。由于没有酒吧，没有迪厅，没有电影院，朋友聚会的唯一地方就是咖啡店。因此，人们担心"愿景"提出这样的发展目标很可能会遭受来自宗教界的强烈非议和抵制。

"愿景"还提出沙特经济为所有人创造机会，无论男性还是女性，都将各尽其才；提出要加大妇女人力资源对经济发展的作用，把妇女在劳动力构成中的占比从目前的 22% 提高到 30%。

在阿拉伯世界乃至整个伊斯兰世界，沙特阿拉伯妇女所受的社会约束较多。在沙特，男权主义盛行，部落、家族和荣誉受到高度推崇，妇女在社会中扮演着从属者和被保护者的角色。沙特禁止女子与家庭成员以外的男人接触，成年女子出门必须戴面纱，并由男性亲戚陪同，她们不得独自出门、坐车、旅行。总之，沙特妇女无论去哪儿，是否需要上学，学什么内容，是否需要工作，嫁给谁以及她选择什么样的医院就医都要获得她的父亲、丈夫、兄弟、儿子或者其他男性亲戚的同意。在沙特的街上、公共场所、教育和商业活动中，官方都坚持男女必须完全隔离。在饭店，若允许女子进入，则必须配有专用的"家庭房间"。清真寺里也要男女分开祈祷。同样的隔离政策也适用于银行和政府部门。

在这样的社会状态下，"愿景"就妇女工作问题提出如此明确的目标，恐怕也会在强大的宗教势力面前遭遇重重的阻力和障碍。

二 政治体制的挑战

"愿景"的实施需要沙特社会各阶层的支持，特别是需要各级领导和企业家的支持。"愿景"面临的真正挑战不是目标的确定，而是目标的具体实施。"愿景"需要强有力的政府机构来实施，目前政府机构要实施如此宏大的发展改革计划，大多都显得力不从心。

"愿景"还面临着一系列的结构性问题和挑战，如何在石油低价的情况下，确保计划实施的财政支持；如何应对官僚主义、贪污腐败、监督乏力等问题；如何解决私有化经验缺乏、民众参与度不高等问题；如何预防实行私有化后，经济和财富被企业家控制问题；如何应对在全福利化体制受到冲击的情况下，政府对燃油等基本生活资料的补贴减少、税收增加以及有些公共服务项目私有化等问题。这些问题会严重阻碍旨在将沙特经济从资源型向生产型转变的经济改革计划的实施。

在沙特，大多数人抵触改革，因为害怕未知是人类的天性。这些人不希望沙特实行经济改革。他们担心自己的收入会受到影响，担心政府减少补贴后，日子会不好过，担心政府机构的提薪节奏会放慢，担心自己会无法适应实施"愿景"所需要的工作要求和节奏。由于担心自己的利益受到影响，这些人，包括部分政府官员都可能站在改革的对立面。他们求稳不求变，而求稳则往往会阻碍改革和发展。

另外，沙特在发展制造业等非石油产业方面也面临重重困难，既缺乏技术也缺乏经验，无论是成本还是质量都不具备参与国际竞争的能力。"愿景"提出：到 2030 年沙特的一半军需物资将在国内制造，还要把一部分医疗卫生、教育等政府服务私有化，而这些领域在世界各国都是腐败的高风险领域。

需要指出的是，"愿景"始终未明确广大沙特公民参政议政这一敏感问题。说明"愿景"本身更多的是着眼于经济领域，存在很大的局限性，还不可能得到民众真正的拥护。

三　人口素质的挑战

沙特是个高福利国家，2/3 的沙特劳动力都在政府部门工作。沙特家庭的大多数生活支出依靠的是政府工资。人们喜欢在工作稳定、工资高的政府部门工作，而不愿意去工作辛苦，工资又相对较低的私企就业。因此，诸如建筑、交通、电力等领域，80% 的工作人员是外籍劳工。沙特依靠外籍劳工的状况长期存在，且一直是沙特政府面临的一个难以解决的问题。

沙特国民大多从事文职，体力劳动一般都由外籍劳工承担，沙特高校学生中因而选择宗教、文科专业的较多，学理工科的较少。所以，沙特的大学毕业生，很难满足和适应国家"愿景"规划实施的需要。

另外，沙特人因为长期处于高福利、舒适的生活和工作条件之中，缺乏刻苦耐劳的意志和信心，缺乏为国为家而艰苦奋斗的精神。事情是需要人来做的，有人才能做事，有什么样的人，才能做什么样的事，人口素质是决定国家发展前景的决定性因素。

因而沙特人才缺乏，人口素质的不适应也将是"愿景"面临的一大挑战。

四 国际环境的挑战

改革和发展既需要稳定的内部环境，又需要和平的外部环境。"愿景"的实施同样也需要一个和平和谐的国际环境。然而，目前沙特面临的国际环境却不容乐观。首先是与伊朗的关系不仅没有任何缓和的迹象，反而越来越对立。沙特担忧伊朗掌握核武，形成战略威慑，忌惮伊朗扶持下的黎巴嫩真主党、也门胡塞武装等跨境联手控制曼德海峡、霍尔木兹海峡等石油输出咽喉。沙特更担心以伊朗为首的什叶派在沙特周围的影响力与日俱增。

在叙利亚问题上，沙特始终支持叙利亚反对派，坚持要推翻巴沙尔政权。然而，形势却没有朝着沙特所希望的方向发展，叙利亚内战仍在持续，反对派的力量正在被削弱，沙特欲让巴沙尔政权倒台的愿望恐怕难以实现。

在也门问题上，沙特不惜亲自上阵，组建由部分逊尼派国家组成的军事联盟，出兵打击据称受到伊朗支持的什叶派胡塞武装。但结果也是事与愿违，什叶派胡塞武装不仅没有被打垮，反而取得节节胜利，目前占领着也门的大片国土，稳坐首都萨那。沙特虽然付出了沉重的代价，却没有取得任何实质性的效果，完全处于骑虎难下的尴尬境地。

2017年6月5日，沙特、阿联酋、巴林和埃及以卡塔尔支持恐怖主义、破坏地区安全局势为由，宣布与卡塔尔断交，并开始对卡塔尔实施禁运和封锁。尽管科威特等国积极进行调停，但由于各种复杂的因素，特别是土耳其的公开强势介入，此场断交危机无任何化解的迹象，海合会的分裂已成事实。这对"愿景"的实施又增添了一个不利的因素。

沙特是美国在阿拉伯世界的长期盟友。但近年来，美国似乎不大情愿完全袒护沙特，两国之间出现了诸多嫌隙。沙特与美国关系疏远，其中最大的原因是沙特担忧美国政府调整中东政策，亲伊朗而远沙特。出于自身利益的考虑，美国不可能长期耗费大量资源维持与伊朗的紧张关系，这对沙特来说自然是难以接受的。

极端主义是导致美沙关系不再和谐的另一个因素。美国的行政、立法、司法部门和社会公众一直质疑沙特在"9·11"恐怖袭击中扮演的角色，不少美国人甚至认为，沙特不仅支持，而且在输出恐怖主义。2016 年 5 月和 9 月，美国"9·11"法案先后在国会两院通过，这一法案允许"9·11"事件受害者家属起诉沙特政府。尽管该法案之后遭到时任总统奥巴马的否决，但美国国会几天后又以压倒性票数推翻了总统的否决。2017 年 3 月，美国数百名"9·11"恐怖袭击事件遇难者家属对沙特政府提起集体诉讼。① 他们指控沙特对"基地"组织提供资金和其他支持。沙特政府则威胁要抛售自己持有的数千亿美元的美国资产。

这样一种极不和谐的国际关系局面，对于沙特实施"愿景"规划是十分不利的，无疑是沙特政府需要认真面对的一种挑战。

---

① 《数百名"9·11"恐怖袭击遇难者家属起诉沙特政府》，新浪网，http：// news. sina. com. cn/sf/news/hqfx/2017 - 03 - 21/doc - ifycnpiu9314105. shtml.

第四节 沙特实施"沙特2030愿景"的前景

虽然"愿景"与沙特的过往和现状存在很大的差别，但沙特政府的这一改革计划受到了沙特民众的欢迎。沙特民众认为沙特政府把握住了正确的发展方向，沙特向更加光明的未来迈出了大胆的一步。这将会解决以往沙特社会未能解决的很多低效和属于禁忌的问题，而且恰逢该国及整个阿拉伯世界正在为年轻人寻求改变和机遇的重要时刻。总体而言，沙特民众对"愿景"可能会带来的变化感到乐观。

一 "愿景"具有很大的可行性

沙特本次出台的"愿景"目标明确，承诺具体，又有政府政策保障，具有很大的可行性。"愿景"所提出的数据指标都是相关咨询机构根据沙特的实际情况，经过严谨调查和计算而得出的，具有科学依据，是符合客观情况的，在正常情况下可以全部实现。

沙特政府在"愿景"中的承诺是符合沙特国情的，是可操作、可兑现的。"愿景"没有在过于敏感的政治体制改革和宗教改革方面着多少笔墨，重点主要集中在发展经济和改善民生这些阻力相对较小的领域。

另外，沙特政府还出台了一系列切实可行的政策保障措施，以保证"愿景"得以顺利实施。如新出台的"绿卡"制度允许部分外籍工作人员在该国永久居住和工作。这一举措不仅会大大减少沙特国内资金的外流，而且还将刺激这些外籍人员在沙特增加投资。为了吸引外商投资，沙特正不断改善营商环境，允许外商100%控股，利润可自由兑换和汇出。同时通信、交通、银行、保险及零售业也已陆续对外开放。

未来五年，构建一个成功的公私合营模式，强化私营投资者与政府部门的合作，将成为沙特经济健康、可持续发展以及实现"愿景"的关键因素。

二　"愿景"得到王室的大力推崇

首先，沙特谈论发展规划已经不是第一次，但每次都没有落地生根、付诸实施。然而，这次全然不同于之前，首先是王室把制定"愿景"和实施"愿景"都集中在由现任王储负责的经济与发展事务委员会这一个部门。有了国王的支持，不管石油价格是涨还是跌，"愿景"都将付诸实施。

其次，大幅调整政府机构，以使其能满足"愿景"实施的要求。这次机构调整包括：裁撤水电部，将其职能划入能源、工业和矿产部以及环境、水利和农业部；新设文娱总局和文化总局，分别负责文娱相关事务和文化事务，由文化和新闻大臣任文化委员会主任；合并、变更多个部委。①

再次，大幅进行人事调整。2016 年 5 月 7 日，沙特国王萨勒曼颁布法令，重新任命了各地方政府及国家部门官员，其中包括：任命阿美石油公司总裁哈立德·法利赫为石油和能源部大臣；任命苏莱曼·本·阿卜杜拉·哈姆丹为运输部大臣；任命阿卜杜拉·穆

---

① 《沙特公布高层人事变动　正式启动"沙特 2030 愿景"》，搜狐网，http://mt. sohu. com/20160508/n448329958. shtml。

萨德·阿卜杜勒·阿齐兹为体育总局局长；任命马吉德·卡萨比为商业和投资部大臣等。① 这些变动都是为实现国家转型，为实施"愿景"规划做准备而公布的 51 项王室法令中的一部分。这一系列的机构和人事调整进一步证明了沙特政府改革的决心。

最后，加强舆论宣传。沙特政府高度重视"愿景"的舆论宣传，通过接受专访、在推特上开设专门账号、官方通讯社沙通社发布消息、阿拉比亚电视台等媒体发布阿文和英文版全文等方式，有步骤系统推进"愿景"的宣传工作。通过营造有利的舆论环境凸显该文件的重要性，强调该文件对沙特社会、经济、国家建设等方面的重大影响，阐释萨勒曼国王的改革决心，进而彰显其稳固的执政地位。

三 "愿景"深入人心

"愿景"在沙特得到了大多数民众的支持，特别是受青年人的欢迎和拥护。沙特总人口中 70% 的人年龄低于 30 岁。在沙特面临的结构性、传统性问题中，最突出的就是年轻人的就业问题。"愿景"充分考虑了这个群体的切身利益，从教育、就业、住房、娱乐等方面都给予了具体的关注，特别是明确提出将失业率从当前的 11.6% 降至 7%，到 2030 年，政府将为年轻人提供 600 万个工作岗位，沙特人的家庭收入将增加 60%。②

另外，"愿景"中关于劳动人口的内容，妇女所占比例从当前的

---

① 《沙特公布高层人事变动 正式启动"沙特 2030 愿景"》，搜狐网，http：//mt. sohu. com/20160508/n448329958. shtml。

② النص الكامل لـ"الرؤية السعودية" 2030 - العربية.نت | الصفحة الرئيسية，http：//www. alarabiya. net/ar/aswaq/economy/2016/04/25/。

22%提升至30%；希望在2020年前将拥有自住房的家庭比例提高至52%；开展丰富多彩的娱乐、体育活动等内容都深受沙特广大民众的欢迎和支持。就妇女在沙特社会中的作用问题，沙特王储穆罕默德·本·萨勒曼认为"限制半个社会的权利的国家是不可能繁荣的"①。

四　"愿景"的实施初见成效

"愿景"计划出台后，沙特政府已经采取了一系列的改革措施，如暂停提高政府职员的工资；取消一般性奖金，暂停大部分诸如加班费、危险工种之类的额外补贴；公共福利按照公历而不再按照伊斯兰历计算（全年少11天）；政府大臣的工资降低20%并降低他们的特殊待遇；将协商委员会成员的费用支出减少15%等。②

此外，政府还决定减少政府人员工资在财政预算中的比例；减少公职人员的数量；增加私企工作人员的数量；鼓励政府工作人员在政府各部门之间轮岗，鼓励政府工作人员提前退休到私企工作。

近年来，沙特的宗教警察因过分干预社会生活而备受争议。他们滥用权力，随意抓人、打人，甚至有致人死亡的事件发生。2013年4月，3名男子代表阿拉伯联合酋长国参加沙特阿拉伯一年一度的文化节活动，结果因为长得"太英俊了"，被沙特宗教警察担心当地女人无法抗拒他们的魅力，而强制将其驱逐出境。2015年10月，一名沙特男演员因在商场与粉丝自拍被宗教警察逮捕。沙特宗

---

① هل سَتُنفذ «رؤية السعودية 2030» المملكة من انهيار اقتصادى محتمل, https://www. sasapost. com/see - saudi - arabia - 2030/2017 - 4 - 10.

② المملكة العربية السعودية تدفع فواتيرها | أسواق العرب, http: //www. asswak - alarab. com/archives/ 13512.

教警察的过多、过分干预，在社会上引起强烈的不满和非议。国外舆论也普遍认为沙特的宗教警察滥用职权、行事粗暴，是一个名声不佳且备受争议的建制。

为改变这种局面，2016 年 4 月 13 日，沙特内阁通过了一项针对宗教警察的新条例，对其执法权限进行了严格限制。新条例规定，宗教警察无权实施跟踪、追捕、拘禁等手段；不得在街头追逐嫌犯；也不得查看身份证件或其他证件——这些属于警察或缉毒部门的职权范畴；值勤时要将身份标识佩戴在醒目位置，写明自己的姓名、工作地点和工作时长，要做到"和蔼可亲"。宗教警察的从业者必须"品行端正，并具有良好的声誉"。对于这样的新规，许多沙特人认为早该如此，表示赞成和支持这样的社会变革。同时，沙特民众也希望能够对违反该条例的宗教警察追究责任。①

总之，沙特正在改变，沙特高校的女性人数已经超过了男性。由于政府的允许，她们可以参加从工程到电影制作等各个行业。沙特议会中女性议员的比例已提高到 20%。沙特民众对现在的改革进度感到满意。他们认为，如果改革一夜之间发生的话，反而会使人难以接受，他们还认为这样的改革不一定要百分之百实现目标才算成功。沙特现任王储明确表示："未来的车轮正朝着正确的方向前进。"②

---

① 《沙特新规整顿"宗教警察" 限制滥用权力暴力执法》，搜狐网，http：//news. sohu. com/20160415/n444258240. shtml。

② 《沙特推特评论达人如何评价穆罕默德·本萨勒曼的愿景？》（رؤية محمد بن سلمان؟）（كيف علقت نخب تويتر السعودية على）، https：//www. paldf. net/forum/showthread. php/2016 – 4 – 26.

第五节　中国（浙江）在沙特实施
"沙特2030愿景"中的作为

沙特的"愿景"与共建"一带一路"在许多方面有契合点。所以，无论是从两国的合作意愿、合作基础，还是从合作领域看，中国（浙江）都可以在沙特实施"愿景"中有所作为。

一　中沙有共同的合作意愿

近年来，为缓解来自西方的压力，沙特一直在推进"东进"战略。"愿景"明确了沙特经济多元化的发展目标，这使其对外合作的意愿更加强烈。中国作为世界经济的重要"引擎"，其经济的高速发展，让沙特看到了合作的机遇。沙特"愿景"计划的实施，更促使沙特与包括中国在内的广大亚洲国家加强合作关系。沙特国王萨勒曼于 2017 年 3 月 15～18 日对中国进行的国事访问，更加明确地表明：沙特在面临经济、安全等多方面挑战的情况下，寻求"向东看"，表达了希望深化与中国的发展战略对接的强烈愿望。

沙特是中国在西亚非洲地区的第一大贸易伙伴，双方经济互补性强。中国提出的"一带一路"倡议，实际上也与沙特的"愿景"形成互补。所以，中国也希望与沙特这个石油供应大国开展更为广泛的交流与合作。2016 年 1 月，习近平主席访问沙特，双方发表了《中华人民共和国和沙特阿拉伯王国关于建立全面战略伙伴关系的联合声明》，决定建立两国高级别委员会，双方签署了涉及共建"一带一路"及产能、能源、通信、环境、文化、航天、科技等领域在内的 14 项合作文件。这一切都清楚地表明了中国与沙特开展全方位合作的意愿。

二 中沙有良好的合作基础

中沙关系历史悠久,古老的丝绸之路早已将两国人民联系在一起。中沙两国自 1990 年建交以来,双边关系发展迅速,政治互信日益增强,在涉及彼此核心利益和重大关切问题上相互支持,务实合作不断深化,经济融合度日益增强。

近年来,中国从沙特进口的原油量占中国从沙特进口商品总量的 70% ~ 80%,占中沙贸易总量的 40% ~ 60%,中国是沙特主要的原油贸易国。近年来,中国从沙特进口原油已突破 5000 万吨/年,占沙特原油出口总量的 1/7。① 目前,中国是沙特对外贸易中最大的出口国和第二大进口国。中国的石油进口中,有 2/3 来自于沙特。中国不断增长的能源需求,使中国成为沙特传统石油行业不可或缺的重要市场。在实施"愿景"的过程中,沙特也正在积极寻求来自于中国的投资支持。

沙特多年来一直致力于深化与我国的战略合作伙伴关系。两国的合作并不局限于能源领域,而是深入拓展到包括安全、金融、技术和文化交流在内的各个领域。两国初步形成了以能源合作为主轴,以基础设施建设、贸易和投资便利化为两翼,以核能、航天卫星、新能源三大高新领域为突破口的合作格局。

---

① 任重远、邵江华:《"沙特阿拉伯 2030 愿景"下的中沙油气合作展望》,《国际石油经济》2016 年第 10 期。

沙特政府制定的"愿景"改革计划，与"一带一路"共建有很大的相关性，因此会给两国创造更多的商业合作机会。

三　中沙有广阔的合作领域

第一，双方可以进一步深化油气领域的合作。在当前"一带一路"建设不断推进的大背景下，沙特作为中东的地区大国和石油大国，在中国能源外交中的地位十分显著。2016 年 1 月，习近平主席访问沙特，将两国关系提升为全面战略伙伴关系。两国同意"加强能源政策协调，提高能源合作水平，构建长期稳定的中沙能源战略合作关系"，并将此写进《中华人民共和国和沙特阿拉伯王国关于建立全面战略伙伴关系的联合声明》。中国和沙特作为世界主要的石油进口国和出口国，油气合作是两国外交的主要抓手。未来，在"愿景"的推动下，两国在原油贸易、天然气勘探、炼油化工、工程技术服务和装备制造等方面的合作空间将更加广阔。

第二，双方可以拓展高科技领域的合作。沙特是共建"一带一路"最重要的国家之一。中沙两国在"一带一路"建设上有着高度的契合。沙特需要实现发展模式的转型，需要发展包括制造业在内的各个生产领域。中国可以发挥自己在发展过程中积累的丰富经验、技术和人才优势，与沙方在能源、航天、高科技、工程服务和装备制造等领域开展更广泛、更深入的合作，为助力两国经济社会发展、造福两国人民贡献力量。

第三，中方可以加大在沙特的投资。沙特方面非常希望中国投资者赴沙特投资，尤其希望能在文化、交通、航空和航海等领域与中国有更加紧密的合作。沙特官员认为，中国企业已经在许多领域达到了国际顶尖水平，沙特迫切希望能和这些企业有更进一步的合作。沙特政府还为海外投资者制定了财政、资金等方面的优惠政策。随着"愿景"的实施，沙特的发展速度将会加快，其拥有的市场潜力将会不断呈现，对中国投资者来说不失为一个完好的选择和机遇。

第四，双方可以在反恐问题上进行合作。2016 年 8 月 31 日，沙特外交大臣阿迪勒·朱贝尔在北京大学作题为《中沙关系与沙特 2030 愿景》的演讲时，赞扬了中沙两国在反恐等诸多重要事务上的双边合作。他呼吁，在中东地区面临安全挑战的情况下，中沙应共同为实现地区和平而努力。沙特一直对恐怖主义持批判态度，其自身也深受恐怖主义之害，并明确表示愿与国际社会共同努力，战胜恐怖主义。沙特同时强调，不应将恐怖主义与任何宗教、民族或文明相关联。反恐是一个全球性的问题，为应对复杂的反恐局势，中国与沙特在反恐方面进行合作不仅十分必要，而且领域广阔。

第五，中方可以在缓解沙特地缘政治压力方面发挥作用。沙特与伊朗对立，在叙利亚、也门问题上有较深的干涉。中国与这些国家都有着长期的友好关系。中国始终主张用谈判的方式解决国与国之间及一国内各派别之间的争斗和矛盾，中国可以在缓解中东紧张局势中发挥积极作用。

第六，双方可以在文化合作方面挖掘更大的潜力。近年来，中沙人文领域合作也是两国合作的新亮点。2016 年 12 月，由国家文物局、中国国家博物馆和沙特旅游与民族遗产机构共同主办的"阿拉伯之路——沙特出土文物展"成功在中国国家博物馆举行，

466 件展现沙特不同历史时期的珍贵文物吸引了大量民众前来参观。

随着两国在各个领域合作的不断深化，两国民众相互了解的不断加深，越来越多的沙特青年有志于学习汉语。沙特国王大学校长就与笔者商谈过开展汉语教学合作事宜。因此，两国在教育领域有着广阔的合作空间。

此外，双方在媒体、旅游、艺术、娱乐、体育、民间交流等领域也有很大的合作前景。总之，中沙两国在共建"一带一路"和"愿景"的推动下，将不断加强合作力度，拓宽合作领域，努力构建互利共赢的全面战略合作伙伴关系。

有鉴于此，在沙特推进其"愿景"计划的进程中，中国完全有可能与其取长补短，积极寻求其中互利合作的机遇，把中沙双边关系提升到一个新的高度。

沙特出台"愿景"是一种美好的希望。"愿景"展示了未来十几年沙特的发展前景，为沙特民众描绘了一幅璀璨的蓝图。然而，现实和希望之间还有很大的距离。"愿景"的实现还需要面对种种挑战，顶住层层压力，克服重重困难。但是，只要方向是正确的，目标是明确的，沙特政府和民众一定会把希望变成现实。

第二章　后疫情时代中沙关系分析

马晓霖　林樱子

历史上，重大灾难和疫情往往都会影响人类文明发展的走向，也必然影响人与自然、人与社会及人与人之间的关系。2019 年底突袭而至的新冠肺炎疫情就是一场罕见的重大灾难，正在深刻地改变着我们生活的世界，从经济联系到地缘关系，从家国命运到个人生活。世界各国损失惨重，人类生存环境不断恶化，同时中国也面临疫情再次复发的可能性。因此，研究后疫情时代的中国与沙特阿拉伯的关系，必须将话题置于全球疫情这个大前提和大背景之下，不了解疫情对世界的改变，就无从审视和规划中沙战略伙伴关系的发展。

第一节　新冠肺炎疫情深刻改变世界

一　新冠肺炎疫情对世界政治体系和国际格局的改变

这次疫情造成的严重后果之一是世界政治体系和国际关系格局

正在承受强烈冲击并发生变化，即"百年未有之大变局"。受疫情严重打击和影响，美国持续 10 年的经济复苏势头遭遇严重下挫；特朗普政府防控疫情不力造成 23.6 万人死亡、累计 940 万人感染（截至 2020 年 10 月 31 日）。危机的重重叠加引发了一个严重后果，即美国一方面延续奥巴马政府的战略收缩政策，另一方面在特朗普主义驱动下全面退出世界多边治理体系，并集中力量将中国列为头号战略对手，发起抹黑、孤立、封锁和打压中国的全面攻势，甚至在刻意制造中美"脱钩"，将世界推向第二次冷战乃至局部热战的危险边缘。

从目前态势看，无论是共和党还是民主党，将中国列为主要对手已成为两党共识，如果共和党继续执政，不排除美国会在搅局世贸组织、抛弃世卫组织的基础上拼凑所谓的"民主国家联盟"来取代联合国，以罗马帝国的逻辑遏制中国崛起，中美关系将更加困难。另外，由于中国防控疫情和复工复产两手抓两手硬效果显著，加之及时出台"以国内循环为主、国际国内互促双循环发展"的应对战略，2020 年中国成为唯一实现经济正增长的主要经济体，且 GDP 突破 100 万亿元大关。

这些利好中国的前景加剧了美国的战略恐慌和自信缺失，并进一步加剧中美关系紧张程度，使世界政治和国际格局面临重大影响和冲击。另外，世界其他国家迫于美国压力、本国利益驱动或内部政治博弈的原因，在宏观上对中美"坐山观虎斗"、避免轻易选边站队的同时，也不得不采取某些应付美国围堵的态势，进而使中国的战略环境更加微妙和复杂，中国与任何地区和国家发展关系都不得不考虑"美国因素"。

二　新冠肺炎疫情对世界经济和贸易体系的改变

新冠肺炎疫情发生前，不同资源禀赋、经济基础和发展阶段的国家和地区，通过市场和资本的流转与调节逐渐形成十分复杂、环节众多的分工协作、梯度衔接和角色互补，这就是人们熟悉的产业链、供应链、价值链。发达国家基本处于这三大链条的中高端，获得投入少产出高的回报；中国等发展中国家总体处于中低端，依靠出卖廉价劳动力和自然资源、提供庞大消费市场乃至牺牲本国环境分得一杯羹来积累发展的原始资本。过去40多年的改革开放，更是将中国打造成"世界工厂"，吸引了全球产业、技术、资本的到来，在形成世界最完整的产业品类和最强大的产业能力后，也逐渐成为全球经济、贸易和产品循环不可缺少、不可回避的生产活力中枢和价值转化平台。

但是，新冠肺炎疫情的无情扩散及致命威胁，致使世界很多经济体和单一关税区对海陆空边境、口岸进行地理封锁和物理隔离，跨境海运、空运和陆运系统快速断裂和破碎，世界人流和物流体系急速全面断裂失联，同时也切断了支撑全球经济运转与循环的既有轨道和流程，全球贸易体系瘫痪，国际生产、流通和消费三大环节支离破碎，基本局限于单一关税区内，由此改变了人类已习惯多年的"地球村"概念和经贸往来方式，甚至颠覆了人类自学会对外交往以来的开源模式。这种形势强化了反全球化的思想基础和舆论氛围，资本、产业本土化的呼声再次高涨，即使疫情结束，世界经济和贸易的原有结构和方式都将出现相当大的调整和改变。

三　新冠肺炎疫情对世界观念和认知的改变

新冠肺炎疫情造成的无差别传染和伤害，引发的恐惧远甚于当今世人熟悉的艾滋病、霍乱、麻风病、埃博拉热和"非典"肺炎，因为在过去一二百年，世界还没有出现过非战争因素在全球造成上百万人死亡、上亿人感染的状况。因此，它对人们观念带来的冲击必定是强烈和现实的，这种观念的改变也必然影射在国家关系、社会和经济生活的处理上，尤其会体现在以下九大方面。

第一是安全观，教科书上对传统与非传统安全和威胁的定义将被改写。第二是生态观，透彻理解生态文明理念，理顺生物和谐关系，"敬畏自然""远离危险和陌生动植物"等新生态观将深入人心。第三是卫生观，人们将深化"距离产生安全"的认知，接受诸多良好习惯，如在人口密集场合戴口罩、洗手、消毒、分餐、使用公筷公勺。第四是国际观，国家、主权、民族、边界、领土等传统国际法概念会得到强化。第五是治理观，实践证明国家治理模式没有最好只有更好，而崇尚科学、理性、专业和以人为本将成为国家治理的重要考量。第六是生命观，全球范围内原本就不存在统一标准的生命观将更加丰富多样。第七是经济观，经济主权将重新得到确认，产业必然进行重组，流行多年的贸易体系和全球化进程或遭受重挫。第八是财富观，疫情之后消费观念势必大为改观，保守的储蓄型消费方式将替代开放的借贷型消费方式。第九是教育观，网络授课、远程教育、在线答辩等创新方式将大行其道……

第二节　新冠肺炎疫情对中东地缘格局
与沙特外交的影响

新冠肺炎疫情突袭而至，使得世界更加动荡，也必然对一国的外交及投入产生影响和冲击。在新冠肺炎疫情影响下，中东地缘格局和地区大国的外交政策也都发生了变化，其中沙特的外交政策也有较大调整。

一　美退俄进态势进一步凸显，沙特大国外交趋于平衡

2011 年"阿拉伯之春"爆发，打乱了奥巴马政府的战略收缩，重点经营亚太的谋划，特别是在军事上实现并保持遏制中国的"亚太再平衡"战略，经济上搭建排斥中国的《跨太平洋伙伴关系协定》（TPP），美国不得不重新在中东发动反恐战争并适当增派兵力，并借用欧洲、俄罗斯、伊朗、土耳其等地区力量分担责任。美国在中东鼓励反恐，客观上释放了以伊朗为首的"什叶派之弧"力量并导致其强势崛起，这个结果又引发沙特和以色列的强烈不安和不满，还造成大国博弈格局的"美退俄进""美弱俄强"新态势，进而一并改变了中东政治版图。"新中东"局面的出现，促使沙特对美国的损人利己和双重标准产生战略疑虑，并加强了与中国和俄罗斯的战略合作，避免将战略安全的全部希望寄托在美国身上。

特朗普入主白宫后，继承奥巴马的战略收缩大方略，同时却又颠覆了奥巴马在伊朗与沙特之间的摇摆政策，一边倒地密切加强与

沙特、以色列的双边关系和战略合作，并着力以三国为框架打造
"中东版北约"，遏制伊朗并维护美国在中东的战略利益。尽管特
朗普政府格外支持沙特，但是，美国的战略收缩以及对沙特敲竹杠
式的霸道交往，使沙特对其一直持有足够警惕。因此，美国并没有
在处理大三角关系方面有任何实质性改善。新冠肺炎疫情加剧美国
的甩锅，进一步暴露了美国"靠不住"的形象，促使沙特利用美
国改善海湾国家与以色列的关系，推动阿联酋、巴林和苏丹与以色
列实现关系正常化，借助地区力量加固和扩大抵消"什叶派之弧"
的势力范围，大大改善了沙特的地缘环境。

二　地缘冲突降温，沙特投入收缩

新冠肺炎疫情引发的恐慌，出现了一个意外现象，就是世界
各地的热点出现阶段性降温，因为所有参与方将重点转移到防止
疫情扩散传播、防止武装力量出现非战斗减员的"新战场"。过
去用于组织、运输战争物资的装备和渠道被用于防疫物资和设备
的调配，而不同国家和地区海陆空口岸的关闭和严格管制，也大
大限制了军事人员、军火装备的移动和转运，进而迫使多个热点
冲突地区降温。其中，沙特直接或间接参与的也门战争、叙利亚
战争和利比亚战争也出现过阶段性间歇，也客观上促使沙特继续
减少投入，收缩战线，应对多头出击、透支过度和油价疲软而引
发的危机。

沙特陷入也门战争的泥淖，新冠肺炎疫情发生后再无较大规模
战事兴起，双方陷入较长时间的不战不和、以和为主的态势。沙特
在叙利亚战争中大势已去，新冠肺炎疫情发生后更听不到沙特的相

关声音，事实上，在沙特的默许下，约旦、苏丹等国已开始与叙利亚巴沙尔政府正常化交往，沙特王储也公开承认和接受巴沙尔继续执政的现实。沙特间接参与的利比亚战争，土耳其的直接参战导致利比亚局势更加复杂化，但是，沙特避免与土耳其发生直接冲突，双方已在 2020 年 10 月达成永久停火协议。

三　沙伊博弈持续，沙以关系恒温

新冠肺炎疫情虽然正在改变世界格局和中东地区的形势，但是，并没有从根本上减少地区矛盾和力量博弈，特别是沙特与伊朗两个地区大国的博弈，以及双方牵头的教派阵营争雄。外交方面，双方依然彼此相互指责对方为地区动荡之源；互联方面，双方几年前中东的海空联系尚无望彻底恢复。双方围绕巴勒斯坦问题、叙利亚前途、也门战争出路的明争暗斗依然十分激烈，保持着一种恒温"冷战"外加代理人热战的特殊状态。

从历史上看，沙伊矛盾不可调和。因而，两国恩怨不仅是两个伊斯兰大国的宗教领袖地位之争、对两大伊斯兰圣地（麦加和麦地那）控制权之争、逊尼派和什叶派的千年之争，还是两个伊斯兰国家君主制与共和制的政治体制和发展模式之争。今天的沙伊矛盾客观上讲，是 1979 年伊斯兰革命后伊朗强烈输出"霍梅尼主义"的必然结果，是伊朗敌视沙特等君主制制度、亲美亲以外交的必然结果，更是伊朗高举"泛伊斯兰"旗帜试图控制海湾进而威胁沙特等阿拉伯国家政权、统治家族安全的必然结果。因此，沙伊矛盾是结构性、战略性和根源性矛盾，只要伊朗的政权性质和对外政策特别是地区政策不做出根本改变，只要沙特等海湾阿拉伯国家的什叶派遭受歧视和打压的惯性状况得不到改善，沙特将始终面临伊朗的敌对宣传和安全威胁，沙特也必然通过团结海湾阿拉伯君主国并借助外力来消解来自伊朗的压力和挑战，进而使双方力量达到平衡，也促使双边关系保持在博弈可控且避免交战的状态。

四　沙卡矛盾未消，沙特地位受损

客观地讲，沙特在海湾的影响力和地位是相对有限的，尽管2020年夏秋以来躲在幕后推动阿联酋、巴林和苏丹等阿拉伯国家与以色列实现关系正常化显示了它的主导地位，但是，这个结果本身是由美国大选、共同遏制伊朗以及阿联酋、巴林和苏丹的国家需要等主客观因素交织促成的，提升的是美国的地位和影响力而非沙特的。相反，沙特还有可能面临阿拉伯和伊斯兰世界泛民族主义和泛伊斯兰主义的指责，进而削弱其作为阿拉伯和伊斯兰大国的地位和影响力。

沙特影响力和地位受损的一个关键因素是，始终没有解决它与卡塔尔之间的矛盾。沙卡矛盾的酝酿与产生非常复杂，远期是卡塔尔前埃米尔废黜父亲而扰乱朝纲给海湾诸国王子产生不良影响，后来又建立半岛电视台到处煽风点火，最终导致沙特与卡塔尔关系恶化。卡塔尔不仅处处与沙特、阿联酋争夺话语权，而且与沙特和阿联酋两国对着干，容留、同情穆斯林兄弟会骨干，并在沙特与伊朗反目后公开保持与伊朗的合作。尽管沙特率领个别阿拉伯国家对卡塔尔进行断交、封锁处罚并开列"复交13条"，但由于严重伤害卡塔尔的主权、独立和尊严而被卡塔尔拒绝。沙特组织力量围殴的卡塔尔的恶果是，将对方推向战略对手伊朗和土耳其一边，严重伤害自己倡导的海湾阿拉伯国家区域一体化进程，并导致卡塔尔退出沙特主导的石油输出国组织，并有可能退出沙特操持多年旨在实现海湾阿拉伯国家一体化的多边框架海湾阿拉伯国家合作委员会。尽管两年来沙特姿态有所缓和，但是并未撤销不平等的"复交13条"，因此双方关系始终没有恢复，这不利于沙特巩固其主导地位并扩大和伊朗、土耳其竞争的盟友阵营。

五　世界经济低迷，沙特财政吃紧

新冠肺炎疫情严重冲击世界经济，进而导致世界油价出现罕见暴跌，甚至短时间引发了美国股市5次熔断。2020年3月7日，随着与俄罗斯减产抬价谈判破裂，沙特打响2014年后的新一轮油价战，不仅宣布向其石油进口对象国提供4~10美元的价格优惠，还宣布将从第二季度起放量增产，用足全部产能从而使日产量达到1350万桶。沙特打开油闸向世界"漫灌"，使得原本就供大于求的原油市场在全球经济预期因疫情重挫后再遭打压，油价暴跌至31美元/桶左右，并造成了自1991年以来单日最大跌幅。2020年4月，油价进一步跌入20美元/桶的历史低价区，美国原油期货甚至一度跌至-30多美元每桶。虽然6月后油价逐渐回升到40美元/桶，但是市场需求不旺的基本面没有改变。10月31日，美国和英国原油价格分别为35.67美元和37.81美元，双双呈现下滑趋势。几乎同期公布的沙特第二季度GDP同比萎缩7%，而国际货币基金组织预测沙特全年经济将萎缩6.8%，赤字规模有可能超过2015年所创下的历史纪录。

新冠肺炎疫情导致全球产业链和供应链"断裂",多数主要经济体内部被迫牺牲经济增长和家庭消费而抵御疫情危害。现代化大车间多数机器熄火停转,客运飞机基本停运,轮船、火车、地铁、大巴和私家车运行量锐减,多数公共活动空间处于封闭和半封闭状态……石油驱动的现代文明生活虽然没有完全停摆,但是以石油及其产品为主的能源需求陷入长达半年乃至更久的严重萎缩,也必然给依靠石油维持财政的沙特带来巨大压力。在过去5年,沙特累计赤字规模已达3850亿美元,经济部前任副大臣穆罕默德·图瓦伊里表示,如果不采取改革措施,沙特将在4年内破产。因此,尽管沙特看起来似乎比任何国家都有能力增产,但国内不断增长的财政赤字实际上压缩了其缓冲空间。自2020年6月1日,沙特暂停向政府雇员发放生活成本补贴。7月1日,增值税税率提高10~15个百分点,已成海湾阿拉伯国家增值税税率最高的国家。10月,沙特将本地雇员薪水标准由4000里亚尔下调为3200里亚尔(约合854美元)。

第三节　后疫情时代的中沙关系走向

一　中沙关系总体评估

2020年是中国与沙特建交30周年,客观地说,两国关系友好稳定,堪称不同政治、社会制度和文化传统国家间友好相处的典范,双方不仅跨越了几十年没有外交关系的历史鸿沟,还超越了因意识形态而妨碍关系正常化的关键障碍,使中国实现了同所有阿拉伯国家的建交，也为此后中国与以色列建交进而完成与所有中东国家关系正常化奠定了坚实的基础。中沙建交虽晚，但是起点高、发展快、关系实。沙特成为唯一一个在没有与中国建交的情况下就拥有中国东风导弹的国家。沙特国王阿卜杜拉2005年率先提出阿拉伯国家的未来在东方、在中国的概念，并且开创上任后首访大国不再锁定美国而是选择中国的先例；沙特也曾是中国国家主席胡锦涛两次到访的国家（2006年、2009年），是中国在阿拉伯世界的三大支点国家之一；沙特不仅与中国建立了能源供应战略合作关系，而且还是中国在中东的最大贸易伙伴，中沙贸易额约占中国同所有阿拉伯国家贸易额的一半。而且难能可贵的是，每逢中国遭遇大灾大难，沙特都慷慨捐助，在复杂敏感的民族、宗教、人权、台湾、香港和南海等问题上，沙特也都支持中国立场，维护中国的核心利益。事实证明，沙特是中国在中东和伊斯兰世界可靠的好朋友、好兄弟、好伙伴。

二　战略合作关系大势不变

2016年1月，中国国家主席习近平首次出访沙特并与沙特国王萨勒曼签署《中华人民共和国和沙特阿拉伯王国关于建立全面战略伙伴关系的联合声明》，这是对2008年建立的战略友好关系的升级。根据这个双边文件，双方将进一步增进两国和两国人民之间的传统友谊，加强在政治、经贸、能源、人文、军事、安全等领域及在地区和国际层面的密切合作，推动中沙关系迈向更高水平。尽管新冠肺炎疫情对国际关系与合作造成巨大冲击，但是中沙全面战略合作伙伴关系没有出现任何波折，也不会出现重大波折，更不会出现倒退，而是会继续向前向实发展。

　　首先，中国的继续繁荣、昌盛和强大是不可逆转的大趋势，中国与世界的联系特别是经济联系不是任何人想切断就可以切断的，强大的中国在一个动荡时代是全世界和平与发展的稳定器，这是包括沙特在内的世界大多数热爱和平与发展的国家所需要的。其次，中国是沙特最大的能源消费市场，保持与中国的友好与稳定，确保中国大量购买沙特石油和石油产品，可以增加沙特的财政收入，有助于国家稳定。再次，沙特正值多事之秋，但继续奉行和平、中立、不结盟的外交政策，也势必会尽量保持与中国等世界大国的稳定而良好的战略互信与战略合作，进而服务于它自身的国家利益和政权利益。最后，沙特是集阿拉伯、伊斯兰、中东和能源生产标签于一身的国家，与其保持扎实而又全面的战略合作伙伴关系符合中国的国家利益。

三　"一带一路"与"愿景"是共同平台

　　沙特是古代"丝绸之路"的必经之地，也是郑和下西洋经阿曼萨拉拉港登陆北上访问过的国家，即使在中沙没有建交的时间里，两国也通过万隆会议、多边国际组织和穆斯林朝觐保持着联系和人文交流。

　　自 2013 年中国提出"一带一路"倡议后，沙特对此表示积极欢迎并成为"亚洲基础设施投资银行"的意向创始国之一。首先，"五通"核心主张完全符合沙特的发展理念和需求；其次，沙特2016 年出台的"愿景"与"一带一路"契合度很高。习近平主席2016 年访沙期间发表的署名文章称，希望沙特成为"一带一路"

的重要参与者、建设者和受益者；萨勒曼国王2017年访华期间则强调支持中国的"一带一路"建设，愿意深化同中国在贸易、投资、能源、教育、科技和信息安全等领域的合作。

国家、政府有愿景和规划，领导人有强烈的共识和期盼，这为中沙关系发展奠定了非常扎实的基础。实现"一带一路"倡议与"愿景"两大平台对接，并使之成为中沙扩宽、深化、提速双边战略与务实合作的最佳机制，在过去几年中，也切实取得了丰硕成果。据不完全统计，截至2018年底，中国在沙特的投资额高达26亿美元，是中国对阿拉伯国家投资中仅次于阿联酋的第二大投资国；中国在沙特仅工业城、经济城、自由区和工业区就建设有41个，涵盖了钢铁、石化、硅和船舶服务等多个领域。沙特在华投资仅2019年前半年项目数量就多达25个，同比增长56%，虽然沙特在中国的投资额暂时不大，但处于稳定增长阶段。

四　能源合作是关键领域

能源合作是中国与沙特合作最为关键的领域。两国自建交以来，能源合作从无到有、从少到多，从单纯进出口贸易到贸易、投资、合资等活动不断增多，彼此依存程度日益加强。2018年沙特已探明的石油储量为2670亿桶，占世界储量的21.39%，其正常日产能为800万桶，理论最大日产能为1200万桶。沙特已经连续多年成为中国在全球的第一大原油供应国。

1990年，中沙建交时，沙特对中国石油出口量很小，仅在我国进口来源国中位列第10。自1993年中国成为石油净进口国后，中国从中东进口的石油日益增加，其中沙特几乎占据一半。据不完全统计，从 2002 年，沙特对华出口石油近 1140 万吨，从此几乎一直稳居中国石油进口国第一位，仅个别年份次于俄罗斯、安哥拉等竞争者。2014 年中沙双边贸易额比建交时增长 230 多倍，达到 691 亿美元，其中一大半为石油贸易所贡献。2019 年，沙特在减产 4.9% 的前提下仍对中国日均出口石油 167 万桶，增幅高达 47%，再次创下历史新高，并超过日均出口石油 155 万桶的俄罗斯夺回其把持了 3 年的中国头号石油贸易伙伴地位。总体而言，自 1993 年中国成为石油净进口国以来，中国每进口 6 桶石油就有 1 桶来自沙特，沙特出口每收入 7 里亚尔就有 1 里亚尔来自中国。

尽管中国制定了严格的节能减排计划并签署了有关气候变化的《巴黎协定》，但是中国仍处于现代化、城市化、工业化发展的关键阶段，依然大量需要包括石油天然气在内的一级能源，预计碳排放的拐点出现在 2025 年，碳中和拐点在 2060 年到来，因此未来若干年还将是中国消耗能源的高峰期。此外，中国的石油战略储备尚未完成，这也迫使中国必须保持旺盛的石油进口，而从目前来看，只有沙特有条件给中国提供稳定、廉价且不附带任何条件的石油。

五　政治互信是重要保障

政治互信是两个不同国家、不同政府甚至领导人之间确保双边关系坚如磐石的基本保障和顶层指引。对于中国和沙特这样的地处亚洲东西两边，具有不同文化渊源与传统，具有不同政治、社会制度和发展道路的国家而言，在危机四伏的后疫情时代，政治互信尤其重要，事关两国全面战略合作伙伴关系能否落到实处，也事关共建"一带一路"和"愿景"无缝对接和完美收官。

客观地说，中沙建交较晚，很大程度上是特定的国际环境、地缘关系和中沙交往现实条件造成的，但是，最为关键的还在于双方之间缺乏政治互信，尤其是沙特对社会主义中国缺乏政治信任。但是，两国建交 30 多年的现实表明，中国完全是值得沙特信赖的。中国虽为大国，但是从来不恃强凌弱，相反，对人口数量、国土面积均不及中国的沙特十分尊重；中国虽然是沙特最大的贸易伙伴和石油买家，但中国从不对沙特内政与外交指手画脚、说三道四；中国虽然走出了一条发展中国家的新路，但是中国从不对沙特进行价值观、意识形态输出和说教。同样，沙特也尊重中国的政治、社会制度，尊重中国的民族、宗教政策，恪守一个中国立场，注意不做伤害中国核心利益的事。

因此，中沙之间的政治互信不仅从建交之日始就起步良好，而且还稳定发展并经历过了诸多事件的考验。后疫情时代，中沙各有自己的发展目标和民族复兴之梦，又都有强烈维护国家主权、独立和民族尊严的决心，在政治上相互信任，在发展模式上相互尊重，在文化上相互学习，在共同利益上相互关注，在政见不同的问题上相互理解和包容，这都将使两国关系持续稳定向前并迈向新的发展台阶。2020 年 3 月 27 日，习近平主席与沙特国王萨勒曼通话，双方均强调患难见真情，并将"不断增进政治互信，深化各领域务实合作，推动中沙全面战略伙伴关系再上新台阶"。

第四节　后疫情时代中沙关系发展的重点领域

尽管目前疫情还没有结束，但疫情本身就是一个国家博弈的历史机遇时期，因此着眼于后疫情时代的全球治理和中沙关系发展已刻不容缓，中沙之间有着广阔的合作空间，两国联手将在全球治理中发挥更大的作用。

一　联手参与全球和中东多边治理

中国和沙特都是联合国的重要成员，同为 20 国集团成员和新兴经济体，而且仍为彼此最重要的贸易伙伴之一。中国是联合国安理会五个常任理事国之一，沙特则是中东核心国家之一，具有强大的经济和地缘话语权。因此中国与沙特无论是在参与全球多边治理上，还是在推动中东的和平稳定和转型上，既有共同利益，又有众多合作空间。

在全球治理方面，中沙共识非常多，包括尊重和维护《联合国宪章》及国际法准则；反对干涉别国内政；反对使用武力和威胁使用武力；反对丛林法则和双重标准；主张通过和平方式解决分歧和冲突；主张国家不分大小一律平等；反对霸权、欺凌和不公。中国作为世界上最大的发展中国家，在多边框架中具有举足轻重的作用。沙特凭借独特的地缘、宗教和能源地位，也切实掌握了很大的话语权和影响力。因此，中沙加强双边沟通、磋商、协调和协作，可以扩大东方世界和发展中国家的声音与诉求，反对西方文明优越论，反对将代表了西方价值观和生活方式的普世价值观强加给其他文明体系，进而维护世界文明的多样性和相互平等，避免产生文明摩擦和冲突的悲剧。

在中东治理方面，中沙也一直有较多共识，即反对以色列非法侵占阿拉伯领土，理解以色列的合理安全关切，支持公平、持久和全面地实现中东和平。中沙均反对进行核试验和核扩散；反对过分的军备竞赛；反对建立军事同盟；反对以意识形态划线；支持反对极端主义、激进主义和恐怖主义；主张标本兼治地遏制和打击恐怖主义；反对将恐怖主义与特定民族和信仰挂钩。中沙也积极推动中东人口大国实现工业化，能源大国实现经济多元化，通过良好的国家治理和人民自主选择找到适合各国发展的道路。我们也有理由相信，随着中国"一带一路"建设的推进和沙特"愿景"的实施，两国将对发展相对缓慢的中东地区作出卓越贡献。

二 加强能源贸易为核心的产能合作

中沙经贸合作成绩斐然，能源贸易特别是传统石油贸易占据主要份额，它既表明中沙在能源安全领域已形成了紧密的合作关系，也表明中沙经贸结构、贸易增量还有很大的提升空间，两国产能合作还有相当大的潜力。

沙特是一个具有一定规模人口、资源和资本的中东大国，也有相当强的工业基础和产业配套能力。但是，不得不指出的是，沙特的经济和产业结构依然被"荷兰病"所困，难以摆脱长久以来形成的"油瘾"，因而极易受到市场价格波动和外部经济环境变化的影响，进而形成明显的"地租型经济"形态。这种形态既不能吸纳大量就业，也很难产生丰富和高附加值的工业产品，因此，隐藏着阻碍可持续发展的巨大风险。未来中沙合作应该以投资为驱动，以工业化和经济多元化为目标，在"一带一路"和"愿景"的框架内深化产能合作，以工业园、产业园、贸易园为依托，大力发展军事工业、矿产品加工业、建筑材料制造业、高新技术、信息技术、新能源和替代能源开发，降低对石油化工产业的过度依赖。

在推动产能合作方面，中沙合作优势明显，双方都有很强的投融资能力。中国企业在中东也有着丰富的实践经验，切实开展了上百个合作项目，其中大多数都是能源产业合作项目。"愿景"致力于将沙特打造成欧亚非三大洲的门户和跳板，再加上沙特较好的区位优势、较强的宗教辐射力，中沙产能合作可以以沙特为内圈，以阿拉伯半岛为中圈，以环地中海地区为外圈逐步延展扩大，大力拓展与第三方市场的合作，共同把投资和产业做大做强。

三　推动中国与海合会自贸区建设

自由贸易区是贸易伙伴间旨在降低交易成本、加快货物流通、促进经济发展良性循环的制度安排，也是现代区域贸易和国际贸易非常流行的多边互惠机制。中国与以沙特为首的海湾阿拉伯国家早已是关系密切的贸易伙伴，但是经过了 15 年努力，双方谈判仍旧是曲折起伏、反复重启，至今没有在自贸区建设方面达成最终协议，而沙特被认为是谈判的关键因素。因此，未来中沙合作的重要内容将是如何以中沙经贸关系升级带动中国与海合会自贸区建设取得突破性进展。

据悉，中国与海合会自贸区的实质性障碍主要来自两个方面：其一是政治干扰，即美国长期从中作梗，不希望中国－海合会自贸区谈判成功；其二是结构矛盾，即中国与海湾阿拉伯国家在石油下游产业存在比较严重的同质化冲突。

四　遏制宗教极端主义、反对暴力和恐怖主义合作

中沙深化全面战略合作伙伴关系，还包括在共同遏制宗教极端主义、反对暴力和恐怖主义方面的合作。众所周知，中沙两国虽然地处亚洲东西两边，但都是宗教极端主义和暴力恐怖主义的受害方，在这方面面临着共同的威胁和挑战，也有着共同的利益和责任。现代沙特是沙特家族与瓦哈卜主义合作的产物，主张净化宗教、正本清源的瓦哈卜主义在沙特征服和统一阿拉伯半岛大部分地区并建立沙特政权的过程中，发挥过重要的作用。

但是，相对保守的瓦哈卜主义也往往被宗教狂热和极端分子当作排除异端、反对教俗分离和政教分离的工具，也被"基地"组织和"伊斯兰国"视为最重要的思想武器，因而极端组织也曾在相当长的一段时间内将沙特政府和王室统治视为非法，并在沙特境内发动了长期的恐怖暴力袭击活动。无独有偶，瓦哈卜主义等保守思想也通过各种途径传入中国境内，并在新疆被民族分离主义分子滥用，进而产生暴力恐怖和民族分裂的活动。

因此，无论是遏制国际宗教极端势力，还是打击恐怖主义，都需要中沙两国的密切合作。除在切断不良思潮进入并产生变异上通力合作外，中国还将大力支持沙特基于"愿景"的社会生活世俗化和宗教生活正常化改革，鼓励沙特政府打击宗教保守主义和邪恶

极端主义，欣赏沙特政府重构宗教话语权、引导宗教思潮走向温和与开放的种种努力，并将与沙特等伊斯兰国家加强对涉教涉恐思潮和恐怖组织资金流动的监控和阻断。

五　加强和拓展双方人文交流

人文交流是中沙双边交流的重要内容之一，也是建交前维持两国沟通与联系的重要渠道，包括了旅游、体育、文化、宗教、教育和语言等。中沙关系正常化以来，双方关系实现了全面大发展，但是与政治、经贸投资乃至军事交流相比，中沙之间的人文交流存在发展不平衡的状况，即旅游、文化和体育交流相对薄弱，而以朝觐为核心的宗教交流以及少数民族学生求学的非官方教育交流相对较多，从而造成了双边交流不对等、不匹配的情况。

中沙人文交流严重不平衡既有沙方的原因，也有我方的原因。首先，在实施"愿景"前的30年里，沙特社会极其保守封闭，对外来文化及文化产品采取防范和排斥的政策，对外缺乏开展人文交流的积极性和主动性，即使旅游也限制在穆斯林朝觐旅游的有限范围内，同时也缺乏开展文化、艺术交流与发展的场所。其次，中国也缺乏比较适应沙特特殊社会环境的文化交流方式和对口产品，包括符合沙特国情和国策乃至公众趣味和审美价值的电影、戏剧、动漫和游戏。最后，中国存在文化软实力不强难以一时改观的现状。

"愿景"已经把文旅经济、消费经济和时尚生活当作振兴国家的重要环节，这就为中沙大力拓展人文交流创造了客观适宜的环境，将来会大有可为。

第五节　后疫情时代影响中沙关系的不利因素

国与国之间的关系都是一个动态过程，从来不存在一成不变的双边或多边关系。由于新冠肺炎疫情正在改变世界，且带来方方面面巨大的不确定性，中沙两国必须考虑未来会干扰双方合作发展的不利因素，主要包括但不限于以下几个方面。

一　美国对中沙战略合作的干扰

由于美国刻意防范中国的和平崛起、遏制中国的发展空间，势必在所有领域、各个层面恶化中国的国际环境，破坏中国的对外交往，挑拨中国的对外关系甚至逼迫与中国建交的国家追随、屈从美国的单边主义和霸权主义。中沙关系未来最大的障碍和风险也同样来自无所不在的"美国因素"。

沙特与美国的同盟关系形成于 1945 年，沙特确保石油生产与输出安全，美国确保沙特国家和统治家族安全，双方虽然在社会制度和价值观上大相径庭，但是在经济合作上却形成了长期且稳定的关系。尽管经历了"9·11"恐怖袭击这样的极端历史性事件，但沙美战略同盟关系依然十分稳固，因为美国也许是唯一一个能随时随地给沙特提供武装保护的域外大国，更何况现在的萨勒曼家族又与特朗普及其女婿库什纳结下密切的家族利益置换关系。从国家层面看，沙特也是美国武器的慷慨买家，对美国增加就业、提升经济、稳定金融发挥着其他国家无可替代的作用。从近两年美国不断逼迫以色列放弃或压缩中国项目来看，美国同样不会放弃对沙特的游说和施压，以期带动更多海湾阿拉伯国家选边站。尽管目前看来，沙特不会轻易屈从美国的压力而动摇中沙友好关系的根基，但是深化中沙全面战略伙伴关系的外部环境与前几年相比明显恶化，这是我们不得不正视的现实。

二　中东复杂地缘矛盾的羁绊

中东的民族、宗教、领土关系原本就盘根错节、错综复杂，因此，在处理中沙关系时必须多维度思考外交抉择的利弊得失，必须处理好眼前利益与长远利益的关系，必须顾及局域问题与全域问题的协调，以免出现顾头不顾尾的被动局面。在处理与沙特的关系时必须考虑它可能对中国与其他地区国家关系的冲击，同样，在与其他地区国家和组织交往时也要顾及沙特的感受。

目前，沙特在中东卷入的矛盾有以下几组。其一，与伊朗等什叶派国家和非政府力量的教派矛盾，包括了伊拉克什叶派政府、叙利亚政府、黎巴嫩真主党和也门胡塞武装；其二，与土耳其的山头之争与摩擦；其三，与穆斯林兄弟会、巴勒斯坦哈马斯等非政府组织和派别的不睦；其四，与海湾合作委员会成员国卡塔尔的对立，以及与阿联酋、埃及等国的竞争与合作关系，主要体现在对阿拉伯国家联盟领导权的明争暗斗上；其五，半公开地与以色列结成反伊朗利益联盟关系，以及对巴勒斯坦态度、立场及策略的重大调整。

此外，由于近年来沙特采取进攻型现实主义外交，与中东之外的传统伊斯兰大国关系也发生了微妙变化，如巴基斯坦和印度尼西亚。这些都是中国在处理涉沙问题时必须适度考虑的因素。

三　新疆问题和极端势力的可能干扰

需要指出的是，近年中国大力打击"三股"势力，加强中华民族和国家认同教育，"世维会""东伊运"等境外分离和恐怖主义组织与美国勾结，反复炒作中国新疆问题、民族和宗教问题，对沙特等阿拉伯国家的友华政策造成一定的舆论干扰和民意压力。

尽管沙特重视中国的大国地位和国际影响力，沙特政府也大力打击"三股"势力并倡导社会生活世俗化，但是沙特毕竟是先知穆罕默德的诞生地，是伊斯兰教的发源地，是两大伊斯兰圣地麦加、麦地那的管理者，这必然使其在态度上存在两面性，一方面理解中国的政策和做法，理解中国的立场甚至公开在国际斗争场合替中国辩护，另一方面又会在适当场合体现其作为伊斯兰大国的宗教义务，表现出朴素的宗教情感，从而对中沙人文交流等产生消极的影响。

第三章 浙江和沙特的产能合作研究

孙霞 郭筠

第一节 浙江和沙特产能合作现状

2009～2019 年，中国在沙特境内的产能合作持续推进，主要是以建筑合同的形式进行工程承包和分包，合作内容集中在能源、交通、公共事业和房地产等领域。这十年，中国在沙特的直接投资类产业合作较少，仅有三个项目。中国在沙特的两类①产能合作增长速度最快的是在 2019 年，受疫情影响，2020 年的合作增长速度放缓。

一 直接投资类合作

石油天然气产业是中沙两国合作的主要领域，特别是与中国开始共建"一带一路"之后，中国在沙特能源领域的投资和产能合

---

① 直接投资类和合同承包类。

作成为中沙合作的重中之重。

（一）中国在沙特石油天然气领域投资

目前，中国在沙特石油天然气领域的直接投资只有一个项目，即 2011 年中石化与沙特阿美石油公司在延布总投资近 100 亿美元打造的炼油厂，该项目中国投资占比 38%，沙特籍员工占员工总数的 70%。延布炼油厂项目是中石化在海外的首个炼油合作项目，也是沙特阿美石油公司实施国家工业化战略的重要组成部分，对于沙特增加就业岗位、保护环境、经济改革和转型等都具有重要的战略意义。

（二）沙特在中国的石油天然气产业项目

中国第一个中外合资，集炼油、化工及成品油营销于一体的石油项目也是与沙特阿美石油公司的合作成果，原油来自沙特阿拉伯，项目落地中国福建省。在 2018 年 10 月举行的第二届世界油商大会上，沙特阿美石油公司宣布拟入股浙江石化炼化一体化项目，入股比例为 9%。此外，沙特阿美石油公司还与浙江石化签署了谅解备忘录，其中涉及的资金规模高达 22.5 亿美元，并达成了进行产能合作、设立原油储运、销售基地等协议。沙特阿美石油公司计划在浙江舟山投资石化项目，以满足中国对能源和投资的需求。

（三）中国与沙特其他部门的投资合作

除石化领域外，中国还在替代能源、矿产领域与沙特有直接的投资合作。2007 年，中国铝业集团有限公司在沙特投资建设一处铝业综合设施，该项目总投资为 40 亿美元，中方控股 40%，并负责全部的工程设计、安装和建设工作。2018 年，沙特国际电力和水务公司（ACWA Power）与两家中国公司签署了合作协议，

双方于 2019 年合作投资太阳能发电厂，中方投资规模达到 9.6
亿美元。

二　合同承包类合作

（一）能源领域承包合同

2009～2019 年，中国在沙特的能源领域获得 21 项承包合同，
涉及石油和天然气领域，项目金额总计达 8324.1 亿美元。这些承
包项目主要是与沙特阿美石油公司、沙比克、沙特电力公司等沙特
国内公司合作，通过竞标获得承包或分包的施工合同。中方参与的
企业有中石油、中石化、中海油等，主要向沙方提供油田建设等工
程服务。

（二）其他领域工程承包合同

能源之外的承包合同合作主要包括了交通、房地产、化工、农
业和公共事业等领域，2009～2019 年项目金额达 8106.7 亿美元，
2020 年又新增一项 4.3 亿美元的合同。这些合同中，能源、交通
和化工类基础设施建设占主要比例，这些都与能源部门的上游、中
游和下游产业有关。这些通过竞标得到的项目合同每项都是上亿美
元的，有些甚至达到几十亿美元。相比能源领域的直接投资项目，
工程承包项目更容易获得，也更及时、更容易在沙特开展。

三　问题交易

美国企业研究所在"中国全球投资追踪"数据库中列出了
"问题交易"一项，这些所谓的失败合同应当是重点研究的案例。
合同失败的原因多种多样，包括商业误判、企业失误、政府反对

等。从 2009 年至 2019 年，中国在沙特的投资有三项"问题交易"，中铁 6.2 亿美元的铁路项目，中石化 1.9 亿美元的公共事业项目和 1.2 亿美元的农业项目。

第二节　浙江和沙特产能合作当前存在的风险和问题

一　政治风险

（一）美国及其盟友政策

美国等西方国家的沙特政策将对中国在沙特的经济行为产生巨大的政治风险。美国前国务卿蓬佩奥就曾向以色列等美国中东盟友发出警告，如果它们再继续支持本国企业与中国在敏感的高科技领域和关键基础设施方面进行合作，美国将采取反制措施。因为美国认为中国在这些领域的投资或合作都是对美国利益的威胁，尤其是在军民两用基础设施方面。美国对中国扩大在沙投资反应强烈，要求中国提高投资透明度。面对来自美国的压力，作为美国在中东地区重要盟友的沙特，将很难保证选择维护中国的利益。如果中国在沙特的投资涉及美国关注的敏感领域，将面临来自美国的政治风险。

英国、德国等沙特的欧洲老牌友好国家在沙特的投资和"民主援助"也由来已久。借助沙特在能源领域的影响力，欧洲以民主议题和输出发展模式等为借口，对中国在沙特的投资与合作加强防范。欧洲国家认为中国向沙特等中东国家提供了非民主的发展模式，担心其影响力会超过美国和它们，更担心中国在中东基础设施和能源开发方面的投资可能会加剧当地社会的不公平，损害了它们在中东的利益和安全架构。欧洲国家认为应当加强与中国在中东的合作，重新发挥它们在中东的作用。

（二）恐怖主义

当前，沙特国内面临的最大安全威胁是各种突发的恐怖事件，特别是发生在东部的石油重镇，同时也是什叶派穆斯林聚集区域的恐袭事件。尽管近年来沙特采取了严厉的打击和处决方式，沙特境内的恐怖分子和极端分子引发的宗教冲突仍然对沙特国家安全构成了重大威胁。他们的主要袭击方式是针对外国人、驻沙特外国机构的自杀式爆炸袭击，也有无明确目标的枪击事件。21 世纪以来，沙特境内每年都有一定数量的恐怖袭击事件发生。2003～2005 年是沙特境内恐怖袭击频发的高峰期，之后数量虽有所下降，但在 2015～2017 年数量再次上升。根据最新数据，中东是受恐怖主义影响最大的地区，沙特属于受恐怖主义影响的高危国家，在世界上排第 30 名。盘踞在沙特周边的境外恐怖势力也在时刻威胁着沙特的国家安全。恐怖主义风险的上升将导致原油"安全溢价"，一旦发生重大恐怖袭击，将严重威胁石油设施安全和民众人身安全，并将迅速推高油价，造成油价大幅波动。

（三）沙特国内政局

沙特深度介入叙利亚、也门等地区冲突，这使得沙特周边安全环境严重恶化。例如，也门胡塞武装多次向沙特境内发射弹道导弹，有些甚至以利雅得的机场、公路等重要交通枢纽为打击目标。尽管沙特成功拦截摧毁了绝大多数的导弹，但仍有部分残余弹片造成人员伤亡。自 2017 年，小萨勒曼王储开始反腐行动，抓捕了大批有权势的王室成员和重要的私人投资者，引起国内强烈不满。特别是 2018 年 10 月卡舒吉记者暗杀事件，沙特境内持不同政见人士对王室统治的不满情绪持续上升。加上国内的经济和社会改革，触动了一大批既得利益者的利益，有可能造成民众不满情绪上升和沙特国内政局的进一步动荡。沙特在中东海湾地区激进的外交政策，如与卡塔尔断交、与伊朗的对立等，也造成了沙特将面对更多敌对力量的困境。

（四）公共卫生安全

突袭而至的新冠肺炎疫情对经济的影响引起了全球关注，一旦再次发生重大公共卫生事件将导致投资环境的严重恶化。疫情不仅威胁全世界人民的生命安全，社会隔离和经济封锁还可能造成一国经济的瘫痪，许多投资项目的进展和收益也将受到负面影响。21世纪以来，波及沙特的疫情主要有中东呼吸综合征、埃博拉热和最近的新冠肺炎疫情。中东呼吸综合征暴发之后，由于其传播力不强，并没有引起人们的足够关注和担忧，直到疫情在韩国严重蔓延开来，导致赴韩国旅游人员的数量锐减，经济增长率持续较低。韩国成为除中东地区之外，受中东呼吸综合征影响最大的国家。当前的新冠肺炎疫情在沙特蔓延得很快，截至 2020 年 9 月底，沙特境内新冠肺炎累计确诊病例已超过 33 万人。尽管卫生防疫成为中阿合作的新领域，但是疫情的扩散和持续给中沙合作带来的阻力也不容小觑。

二　经济风险

过去十年来，中国在沙特的产能投资与沙特国内的经济转型需求相契合，即沙特希望通过石油和天然气行业以外的境外投资，寻求能源出口之外的替代性收入来源。为吸引中国投资，沙特所做的改革主要有以下几点。①增加税费。对电力、燃料和水等商品实施新的税费政策，提高幅度很大。②国有资产私有化。这一进程非常缓慢，却是中国最有可能参与其中的领域。③削减公共事业支出。尽管削减财政支出的过程非常缓慢，但是支出的性质正在发生改变。④改革金融机构。沙特大部分的银行为沙特王室所有，但与西方经济体系的联系更加紧密。

（一）国际油价波动的影响

作为石油进口国和消费国的中国与作为石油出口国和供应国的沙特在石油贸易方面拥有共同的利益。但是，最近几年国际油价的大幅波动对双方的投资合作造成了严重的负面影响。油价高位时期，沙方可以获得更多的石油收益。但是如果油价过高，中方经济发展必须增加更多原油进口和消费成本。如果中国不能承受过高油价的负担，经济增速势必会放缓，不利于下一阶段石油需求的恢复。油价低位总体上来说是有利于中国的经济发展，但是如果油价长期低迷，沙特石油收益不足以平衡国家预算，将对沙特下一阶段增加产能和供应产生不利影响，最终也将威胁中国的能源安全。因此，稳定油价应当是两国的共同目标。疫情期间石油价格一路下跌，预期石油价格短时间内不可能恢复到历史最高点，石油消费增长缓慢将进一步恶化沙特的经济环境，因此中国在自身经济复苏的同时，加强与沙特合作，稳定油价。如在当前低油价时期增加从沙特的石油进口量，增加国内石油储备，为应对沙特经济复苏后的油价上升做准备。

（二）沙特改革风险

实行"愿景"改革以来，沙特积极寻求从石油、天然气出口向发展制造业转型。国内大力支持、发展制造业，推动化学品、塑料制品、金属制品和电器机械设备的出口。如果沙特石油产量仅足以满足国内的生产和消费需求，没有石油用于出口，中沙石油进出口贸易关系将瓦解。同时，沙特制造业的发展和出口将与中国形成竞争关系。短期来看，中国在沙特的众多建筑承包项目仍然具有发展空间；但长期来看，中国将对沙特失去吸引力。因此中沙必须寻求其他领域的合作。"愿景"改革也为中国投资带来一些不确定因素，中国企业的盈利空间缩小。如沙特大幅提高增值税、消费税，取消水、电补贴，提高水、电价格等。2020 年 5 月 19 日，沙特拟将消费税的征税范围从目前的烟草制品、功能饮料和碳酸饮料扩大到电子烟和所有加糖饮料，以提高非石油收入。同年 7 月 1 日，沙特将增值税税率从 5% 提高到 15%。这些税费最终势必会转化为企业成本，随之企业成本上升，盈利空间将被压缩。

（三）融资障碍和投资回报风险

沙特政府投资大型项目的资金来源主要是主权财富基金。中国投资项目落实到当地，需要国家主权担保，而沙特不情愿对所有的银行进行主权担保或财政部担保。而没有主权担保，我国的国家开发银行是不会对大项目放贷的。换句话说，中国的资金无法进入沙特，导致中国企业面临融资难、投资收益没有保障的问题。特别是除央企和国企之外的中小企业，只能做一些工程承包的项目。发包方一般是像沙特阿美石油公司这样的当地大型国有企业，承包项目的中国企业按照发包方的要求承建。往往很多项目进行到一半时发包方要求变更，导致工期延长、成本上升，但是中国承包方却因为得不到追加投资，项目只能无限期搁置，造成前期投资无法收回。

三　投资方面临的竞争

（一）与欧美亚企业竞争

沙特在油价较高的时期外汇储备丰富，对中国投资企业不太关注，大部分投资都是来自欧美公司，造成现在管理者基本上都是欧美人，企业执行标准也是欧美的标准。但是欧美投标价格普遍较高，日本和韩国进入沙特后把欧美份额挤压出去一部分，中国企业进入沙特之后，又形成与日韩的竞争态势，尤其是韩国与中国在沙特存在的商业竞争，如大型水处理设施或发电厂项目全部或部分是由韩国公司如韩国电力公司（KEPCO）所管理。中国企业很难进入沙特。现在印度等其他国家也开始进入沙特，它们出价比中国还低，在成本控制和技术上都对中国造成压力。

（二）沙特国内经济政策

石油价格走低迫使海湾油气出口国开源节流，除了继续执行和强化经济"本地化"政策外，另外一个重要的国内经济政策是开征间接税。此前沙特已采取消费税管理制度，对软饮料征收50%的消费税，能量饮料、烟草和烟草制品为100%。在沙特这样的新兴经济体中，消费税约占政府收入的0.5%，作为一种财政手段，其影响微乎其微，政治象征意义远超实际作用。目前沙特还没有计划征收企业所得税和个人所得税的迹象，但是自2018年1月1日，沙特和阿联酋已联合开征增值税。增值税是针对公司征收的间接税，对增加政府收入、弥补预算赤字尤为重要。但是征收增值税将增加企业的管理成本，尤其是对海湾国家的能源产品出口企业来说，更容易造成增值税欺诈、增加腐败漏洞的局面。此外，增值税增加了低收入人群和外籍工人的经济负担，对于进入沙特当地的中国企业来说，则意味着要承担更高的人力成本。

（三）与国内同行竞争

在沙特的中资企业中大部分是央企和国企，相互之间的竞争也比较激烈。有时同一个项目的标书，中资企业之间的出价差距十分大。这不仅造成中方内部的恶性竞争，也给沙特和欧美国家留下了负面的印象，它们会认为企业的经济行为背后有中国政府的支持，有其他政治意图，所以才会以牺牲经济利益为代价来进入沙特当地市场。

（四）与沙特在第三方市场的竞争

在红海、北非和非洲之角地区，沙特与中国在竞标合同时也存在竞争。尽管沙特与中国签署了"共同投资承诺"，但是在油价下跌和经济收缩时期，双方都存在着融资困难的问题。油价下跌，沙特出口收入减少，贷款和项目支出难度变大，金融体系相对脆弱，竞争力下降。中国对中东投资兴趣的增加，将对沙特等传统投资者构成威胁。

第三节　浙江和沙特产能合作对策建议

一　开展"二轨"外交

西方投资机构传统上采用以国家安全为导向的投资战略，以促进投资接受国民主治理、符合投资国价值观等为条件，通过驻外机构或者国际多边机构进行投资风险评估。而中国与沙特都倾向于双边谈判、高层外交的方式。这些方式具有灵活高效、针对性强的特点。但是大量失败的经验证明，高层外交有些时候并不牢靠，一旦发生军事政变或者新的领导人继位，原有合作变数很大，难以保护我国海外利益。必要的时候，需要开展"二轨"外交或民间外交，以弥补高层外交的不足。

（一）驻沙企业

中国驻沙特分公司和企业主要集中在利雅得、吉赞、达曼等工业城市，它们对沙特情况非常了解，是中国开展对沙特经济外交的主要依托资源。中国驻外人员一般是每隔几个月回国探亲一次，或者轮流驻外。饮食和生活方式的不同给驻外中资企业人员造成很大压力。但是，他们在异国他乡深切感受到了中国最近几十年的快速发展和日益强大，也希望能更容易地拿到更多的竞标项目。这些企业一般会设有专门的公关部门和公关人员，负责与沙方企业和机构的对接，并负责信息分类、安全保障、接待等工作。由于沙特这个国家的特殊性，很多情况不能以书面的形式体现和传达，除了面对面访谈等调研方式，浙江省地方政府和科研机构还可以邀请沙方来浙介绍沙特基本情况和投资环境，从而获得第一手的资料和信息。中国驻沙特公司，包括中石化、中石油等油企，中铁建、山东电建、中兴、华为驻沙特分公司等负责基础设施建设的公司，中国工商银行、中国进出口银行等金融企业。

（二）学界

除了国内研究中东和沙特问题的专家外，中国也需充分利用沙特国内的科研机构和高校资源。目前对能源和中国问题有相关研究的沙特机构主要有以下几家：利雅得的阿卜杜拉国王石油研究中心、吉达的 Rushd 智库、吉达海湾研究中心、费萨尔国王学术与伊斯兰研究中心等。这其中有些机构与沙特阿美石油公司等国企和王室关系密切，中国可以适时与这些机构进行学术交流和合作，打通学界、企业与政府之间的关系网络。

（三）民间

中国在沙特的许多学校已经开设了汉语教学课程，这对于提升中国软实力，开展民间交往大有裨益。但是，由于在沙特的华侨不多，可以倚重的沙特民间交往力量不是很多，可间接地与沙特民间力量进行接触。例如，在北美和欧洲的沙特移民较多，中国侨领可以与这些在欧美的沙特移民开展文化交流活动，强调同样作为移民的同质性，争取作为移民的更多权益保障，也希望借此把中国友好的形象和文化传达给沙特国内，可以间接提升中沙民间交往的次数。

二　把握与沙特阿美石油公司的合作

与海合会签署自由贸易协定一直是中国努力的方向，但是种种原因，与海合会签署自由贸易协定变得越来越困难。中国可以考虑与沙特等海湾阿拉伯国家单独签署自由贸易协定或类似的投资协定。针对这一目标，中国企业与沙特国有石油巨头阿美石油公司的经济合作必不可少。

（一）上市

沙特在 2018 年宣布将以约 2 亿美元的估值上市沙特阿美石油公司 5% 的股份，随即引起投资者的极大关注。作为沙特规模最大、利润最高的石油公司，许多证券交易所都在争取作为其上市的首发地，如纽约证券交易所、伦敦证券交易所、香港交易所等。但由于对公司估值的差异、原油价格的下跌、卡舒吉记者事件等因素的影响，沙特阿美石油公司上市计划一再推迟。中国一直关注沙特这一重大投资计划，希望获得首批认筹股份，或者以香港作为其首发地。2019 年，沙特阿美石油公司通过出售 30 亿股股票筹集了250 亿美元，这一数值仅占公司价值的 1.5%，远低于大多数公司所分配的价值。未来沙特要想实现多元化能源战略，必然会通过出售股票来筹集资金，这将为中国投资者带来更多机会，中国的大型石油公司、主权财富基金和投资银行可以加大投资力度，获得与沙特阿美石油公司在化工产业研发和管理上合作的优势。

（二）政策变化

沙特阿美石油公司原本计划在中国和印度等主要贸易市场建立炼油厂网络，以延长原油产业链，获取更多利润。当前油价大跌，石油产品需求大幅降低，为了降低对原油出口和石油收益的依赖、缓解低油价的冲击，沙特政府将被迫重新评估这一战略，优先保障近期现金需求，投资规模大、回报周期长的石化项目可能会被暂时搁置。据传，阿美石油公司已推迟了收购印度信实工业炼油和石化业务股权的计划。2019 年，沙特阿美石油公司已与中方签署备忘录，收购浙江石油化工有限公司的炼油厂和石化综合体的股份，并收购一家石油储备设施。在沙特阿美石油公司政策多变时期，中国要加强对沙特阿美石油公司投资政策的研究，防止交易被搁置。

（三）决策高层

沙特阿美石油公司决定成立一个新的部门，称为"公司发展组织部",目的是重新评估公司的投资组合,通过资产组合优化和战略调整来评估现有资产,为公司创造更多价值。该部门将由高级副总裁顾达明(Abdulaziz M. Al-Gudaimi)领导,直接向总裁兼首席执行官汇报,并于 2020 年 9 月 13 日开始运营。鉴于某些项目的政治敏感性,该部门调整决策高层和公司优先事项可能会给中沙投资合作带来影响。

三 聚焦潜在合作项目

中企在沙特投资应从原油开发和油气服务领域,转向新能源领域,投资主体和融资方式也应当多元化。目前沙特最急需投资的仍然是公路、铁路、海水淡化、厂房和住房等基础设施建设,而不是与当地企业和欧美企业形成竞争态势的油气勘探和开采领域,而且沙特一直以来管控勘探区块的对外招标,因此获得投资项目并不容易。由于国内原油储备量大、质量好且开采成本较低,沙特的石化产品在价格上有很大的竞争优势,我国企业过度倚重在沙特的石化产业投资,将面临得不到预期的经济利益回报,而且油气产业对沙特解决就业、延长价值链、经济多元化等贡献不大。如果我国企业在对沙特新能源领域的直接投资方面有所突破,这对双方都会有所助益。同时,中石化等央企应当让位于中小私企,让中小企业在"一带一路"建设中发挥更重要的作用。如果"一带一路"建设仅局限于央企,只授信于央企可获得国家开发银行的资金支持,中小企业就只能做二、三级,乃至三、四级的承包商。中国要让中小企业也可以通过"一带一路"建设融到资,然后采用其他办法收回成本,比如用作光伏的投资可采用企业用电免费等方式,把投资变为长期收益。这样既可以解决融资难的问题，也可以促进沙特当地的经济发展。

（一）港口航运项目

沙特现有港口主要分布在红海沿岸和阿拉伯湾沿岸，目前西海岸有吉达港、吉赞港、延布港、阿卜杜拉国王港，东海岸有达曼港、朱拜勒港、拉斯坦努拉港以及在建的扎瓦尔港等 9 个港口。沙特正在重点开发红海沿岸的旅游和航运业，而东部海岸与卡塔尔存在外交纠纷，导致许多开发项目受阻。如果中方希望继续开辟沙特港口项目，西部港口将优先于东部港口项目。未来红海沿岸港口的运力需求不断增加，不仅承载着石油等能源运输，还是运往沙特以及其他中东国家的食品、饮料等生活消费品的必经之地。西部的吉达港是目前沙特最大的港口，但是自 2017 年以来吉达港的吞吐量有所下降。现在沙特的所有港口运营归属于当地的马士基子公司，工程项目主要归属于沙特阿美石油公司及其附属公司。中方参与和投资的沙特港口、造船等项目，可以大大加强与沙特的经贸联系。2019 年 2 月，中沙已签署的政府间海运协定为双方海运项目合作提供了有力的政策保障。浙江作为国际航运和海事服务基地，应当利用进口沙特原油，支持沙特能源出口安全的有利条件，尽早与沙特阿美石油公司签署港口建设、造船等项目的合作协议。浙江可以联合长三角的造船厂如沪东中华和江南造船，与沙特阿拉伯工业投资公司（Dussur）和沙特阿美石油公司签署协议，在沙特建立合资企业。除承接沙特发包业务外，浙江还需加大直接投资，以服务于双方港口建设和造船业等项目。

（二）天然气开发项目

为实现低碳经济和环境保护的目标，中国将加速实现能源转型。天然气作为较清洁的能源，将成为我国实现能源转型的重要过渡能源。首先，天然气的上游开发项目应当成为中国（浙江）与沙特合作的重点。长久以来，沙特油田的伴生气都作为废气排放到大气中，不仅污染环境，还造成资源浪费。近 10 年来，沙特天然气勘探获得重大突破，天然气资源主要集中在西北部，其中非伴生气田 Jafurah 的开发将大大提高沙特的天然气产量。虽然沙特的天然气主要用于国内消费，但沙特也希望借天然气实现能源结构多元化转型，计划在未来 10 年内成为天然气出口国。因此，未来中国有可能进口到来自沙特的液化天然气。其次，天然气基础设施的互联互通应当成为双方天然气下游合作的主要领域。浙江、上海等长三角地区的天然气消费增长较快，但是液化天然气的接收站、气化装置和天然气管道等基础设施尚不能满足消费增长需求，长三角地区的天然气管道建设迫在眉睫。在扩大进口液化天然气的同时，基础设施的建设要提前规划。浙江完全可以与沙特在天然气领域投资新的合作项目，如进口设施和管道建设等，为两国的天然气合作添砖加瓦。

（三）石化工业

浙江自贸区与沙特阿美石油公司签订的谅解备忘录，扩大了双方在浙江天然气下游领域的投资，包括推动沙特阿美石油公司收购浙江石油化工有限公司 9% 的股权。该协议充分展现了双方在石化领域的巨大合作潜力。未来双方在炼油化工、原油和天然气的储存和贸易，以及在浙江自贸区范围内的成品油零售和分销等领域可以继续扩大合作，把浙江自贸区打造为沙特阿美石油公司在中国的石化项目基地。石化产业可以提供完整的一体化产业链，符合沙特经济多元化改革的目标。同时，我国大型油企经过几十年石化业务的发展，石化业务已经成为油企的主要业务和经济增长点。与沙特在石化领域的合作可以把中国庞大的原油进口量转化为产能合作，降低原油价格波动对经济的负面影响。中国在沙特投资石化领域以及沙特在浙江投资石化领域都是合作方向，但鉴于沙特石化项目的饱和以及经济多元化改革目标，中方应该重点引进沙特投资，争取与沙特阿美石油公司合作，落地一项大型石化项目。

（四）绿色能源金融合作

过去很长一段时间，沙特庞大的主权财富基金没有用于国内和中东地区的投资，而是用于购买美国国债，向发达国家投资。沙特国内经济改革会加速投资资金回流，沙特已扬言要抛售美国国债，这其中有改变投资方向的意向。我国有庞大的主权财富基金，在伦敦、纽约等城市都有大规模的国债投资，但是中国不能把所有投资都集中在西方，要警惕发生新金融危机的风险。我国和沙特可以重点合作打造新兴市场金融网络，把主权财富基金往上海、香港、迪拜、孟买等市场分散会更安全。但是我国缺少金融跨国管理经验，要想规避风险最好的方法是与其他国家合作。与沙特合作融资向第三方市场投资也可以分散投资风险，同时借鉴西方先进的金融管理经验。为此，我国各大投资银行和主权财富基金可以与沙特主权财富基金、沙特货币局共同提供资金，提升两国跨境金融服务的能力，确保我国金融机构和沙特金融机构在各自境内顺利开展业务。浙江背靠长江三角洲，可以吸纳长三角一体化的融资优势，与中国进出口银行、上海期货交易所合作，发挥上海作为国际金融中心的优势，实现政策一体化，授予浙江油企更大的自主权。

（五）新能源高科技和信息产业

浙江各类能源企业可以通过与沙特公司合作投资转移太阳能和风能等剩余产能领域，开发新技术并获取更多的经济利益。沙特也可以借助新能源开发增加就业，逐渐摆脱对油气的依赖，实现经济多样化。沙特的工业化改革一直没有成功，现在的经济改革主要以再工业化为主要方向，但是疫情期间遇到了资金、资源和市场的多重困难。未来油价如果在低位徘徊，石油和天然气出口收益将不足以支撑沙特国内制造业的发展，必须借助外力实现再工业化。但是沙特基础设施严重不足，发电能力、公路铁路密度，互联网网络密度，都处在世界平均水平以下。原来沙特主要借助周边非石油国家的廉价劳动力资源支撑部分低端产业的发展，现在沙特要想实现从低端向中高端产业升级，不仅面临资金和技术方面的困难，掌握较高技能的劳动力短缺也是一大瓶颈，沙特现有劳动力无论是在数量上还是在水平上都不足以支持大规模劳动力密集型工业化的建设。但是，在新能源和信息产业等高端产业领域，沙特有大量接受过西方高等教育的公民，中国可以在资金、技术和劳动力方面与沙特进行全方位合作，实现沙特高端产业的工业化。沙特"愿景"致力于打造智慧型城市，这为引进中国 5G 通信技术和设备、海底光缆项目、"北斗"全球卫星导航系统等提供了有利条件。中国的华为和中兴公司正在参与沙特的高科技基础设施，如宽带网络、电子商务中心和智能城市等项目的建设。

（六）第三方市场能源投资

也门战后重建将成为中国与沙特合作投资的关键，索马里和埃塞俄比亚也将成为投资重点地区。中国与沙特等海湾阿拉伯国家都是外汇储备丰富的经济体，对新兴市场和战后重建的投资有极大兴趣。这些国家和地区急需恢复电力生产，解决能源短缺的问题，但由于境外的很多大型能源投资项目资金需求量大、回报周期长、风险系数高，更适合中沙合作投资分担风险和融资。

第四章　浙江和沙特的货物贸易合作研究

宋树理　刘　彬

第一节　浙江和沙特货物贸易合作的背景条件

　　长期以来，沙特都是我国在西亚北非地区的重要货物贸易战略伙伴，与我国的货物贸易具有历史长、互补强和前景广的三大特点。从贸易历史来看，中沙货物贸易发展源远流长，最早可以追溯到公元 7 世纪唐朝丝绸之路的全盛时期，而且新中国建立之后，沙特也是较早与我国恢复贸易往来的阿拉伯国家之一。但是，这一时期的贸易规模水平相对较低，贸易商品结构也比较单一。直至 1978 年，我国实行改革开放，从此确立了对外开放的基本国策，坚持出口目标市场多元化发展战略，积极融入 20 世纪 90 年代开始迅猛发展的经济全球化，有效嵌入国际分工，不断释放贸易潜能，与阿拉伯国家的贸易额从 1978 年的约 10 亿美元增加到 1999 年的约 80 亿美元，其中，在 1999 年中阿贸易额中占比最大的就是沙特，约 19 亿美元。之后，中沙货物贸易规模不断扩大，2009年我国对沙特的进出口总额为326亿美元，占我国对所有阿拉伯国家进出口总额的30%。

从贸易关系上来看，中沙货物贸易互补性非常明显，贸易强度指数较高。沙特的石油、天然气等矿产资源丰富，原材料初级加工产业发达，但是交通运输等基础设施相对发展不足，先进制造加工业和现代化农业产业发展更加滞后，比如，机电产品、钢材、服装、食品等主要依赖进口，水果自给率可以达到60%，但谷物自给率只有20%左右。这与我国自改革开放以来逐渐形成的人力资源、技术创新和市场规模等比较优势形成了鲜明的对比。分析人士李晓莉运用2006～2015年的联合国贸易数据库实证分析显示，我国与沙特的贸易结合度指数位于0.98～1.42，产业内贸易指数位于2.15～4.38。任梦茹通过计算贸易互补指数发现，沙特对中国具有互补优势的是矿产品、塑料橡胶及其制品，而我国对沙特具有明显互补优势的产品更加多样化，包括鞋帽、纺织品、机器等。这表明我国与沙特的贸易互补性很强。目前，沙特已经连续多年成为我国在西亚北非地区的最大贸易伙伴和全球第一大原油供应国，我国也是沙特第二大进口来源国，甚至有潜力保持为沙特的最大贸易伙伴国。

从贸易前景上来看，全球化产业链重构背景下的中沙双边自由贸易发展前景广阔。马克思曾研判："自由贸易是现代资本主义生产的正常条件。只有实行自由贸易，蒸汽、电力、机器的巨大生产力才能够获得充分的发展。"①"在古典政治经济学著作里所阐述的

①　《马克思恩格斯全集》，第二十八卷，人民出版社，2018，第542页。

一切规律，只有在贸易的一切束缚都被解除、竞争不仅在某一个国家内而且在全世界范围内获得绝对自由的前提下，才是完全正确的。"① 这是现代市场经济推动生产力发展的内在规律，不会因为以美国为代表的发达国家掀起的新一轮贸易保护主义而失去效力，换言之，目前出现的逆全球化经济现象只是个别国家发起的、不可持续的局部区域问题，故不会从根本上影响中沙自由贸易的发展。基于此，2013 年习近平主席在出访哈萨克斯坦和印度尼西亚时分别提出了共建"丝绸之路经济带"和"21 世纪海上丝绸之路"的倡议。我国政府分别于 2017 年和 2019 年主办了两届高规格的"一带一路"国际合作高峰论坛，均得到了欧、亚、非和拉美相关国家的大力支持，与会各国共同推动了"六廊六路多国多港"互联互通合作机制的构建和完善，这为有效应对发达国家的贸易保护主义和贸易摩擦提供中国智慧和中国方案。

与此同时，我国在 2013 年货物进出口贸易总额达到 25.8 万亿元，对外货物贸易顺差为 1.6 万亿元，成为名副其实的全球第一大货物贸易国，这说明我国一贯实施的自由公平、平等互利的多边合作共赢原则是行之有效的，因此我国在"十四五"时期及第二个百年梦实现之前，将继续有效推进更高水平的对外开放，并通过"国内循环为主，国际国内双循环相互促进的新发展格局"，加快发展为以生产技术创新为支撑的贸易强国。尤其是浙江作为中国的货物贸易大省，对外依存度在各省中一直位居前列，虽然资源禀赋较差但专业市场发达、企业家资源丰富、资本又充裕，所以既对能

---

① 《马克思恩格斯全集》第四卷，人民出版社，1958，第 294 页。

源有较大的进口需求，又对机械、纺织、服装等加工制造产品有较大的出口需求，这正是中沙贸易结构互补性的典型特征，故近年浙江与沙特的贸易往来日益频繁。更重要的是，"十四五"时期，浙江为了打造展现新时代中国特色社会主义制度优越性的重要窗口示范先行区，已经有序谋划在对接"一带一路"基础上，加快以先进制造业为支撑的贸易强省的建设，从而为浙江与沙特的货物贸易提供更多的发展机遇。进一步来看，沙特凭借地处欧亚非三大洲陆海交通节点的区位优势、最大石油输出国的经济实力以及"愿景"和《2020 国家转型计划》的经济结构改革潜能与市场多元化发展战略，自然而然成为共建"一带一路"的重要节点国家之一。另外，随着中沙两国领导人的互访，中沙全面战略伙伴关系不断深入发展。沙特的这些比较竞争优势，必将进一步加强中（浙）沙贸易合作的紧密度，深化两国及地区之间相关产业链一体化的国际分工合作。

但是，突如其来的新冠肺炎疫情正在严重地影响着全球产业链、价值链的重构和"中心－外围"型国际分工体系的调整，也为中（浙）沙货物贸易发展带来新的历史机遇和多重现实困境。那么，在当前复杂多变的国际国内政治经济形势下，深入研究国际贸易发展规律，对有效挖掘中（浙）沙货物贸易发展潜力，积极推动双边贸易自由、对等和互惠发展，有着重要的时代价值。

第二节 货物贸易合作的理论基础

中国与沙特的货物贸易是典型的"大国－小国"贸易模式，

这种模式主要有三大相对独立的理论基础，分别是效率经济学、公平经济学和政治经济学。

一　贸易合作的效率经济学

效率经济学主要强调一国的出口贸易要优先考虑本国商品的竞争力、企业的生产力，来权衡贸易自由和保护的利弊，然后决定该国参与国际贸易分工的程度，而进口贸易则要积极满足本国短期内的个人消费和生产性消费需求，以及本国长期产业发展的需求，最终实现一国资源在国内外市场的最优化配置。

从贸易理论思想史来看，重商主义和古典自由贸易理论适用于不同规模的国家的对外贸易发展，或者说，国家规模在这两种理论体系中的比重都较低，小国也可以模仿大国积极从事对外贸易活动。而在本国逐渐进入工业化经济发展阶段而其他国家经济发展还没有及时跟进的情况下，本国的社会劳动生产力和竞争力相对有了质的提升，资本积累也初具规模，以亚当·斯密、大卫·李嘉图、赫克歇尔为代表的古典自由贸易理论认为增加国家财富不需要政府的贸易保护，只要积极发挥本国生产力的绝对比较优势、相对比较优势和资源禀赋等先发优势，参与国际劳动分工，开拓世界市场，就可以进一步增加市场规模。之后，由于各国经济发展阶段不同，尤其是工业化程度不同，对于生产力水平普遍较低的小国而言，就像生产力水平较低的大国一样，会逐渐成为发达国家的原料产地和商品销售市场，形成贸易结构单一的垂直型的国际分工格局。

除此之外，对于"大国－小国"贸易模式，还可以选择使本国资源在国内外市场配置优化的贸易政策，比较典型的就是区域经济一体化。这种政策倾向于两个或两个以上的国家或经济体通过发挥地域邻近的空间优势，在经济上达成某种互惠协议，降低或者取消关税及其他阻碍资源自由流动的障碍，实现成员国之间的贸易自由，同时，对非成员国实施区别待遇，即贸易保护。比较成功的是欧盟和北美自由贸易区。

二　贸易合作的公平经济学

与效率经济学关注的资源配置问题不同的是，公平经济学主要从生产关系和交换关系的层面讨论劳动价值的分配问题，即在国际交换过程中，大国与小国的劳动者及强国与弱国的劳动者之间的劳动价值是否能等值交换，还是存在发达国家剥削欠发达国家或大国剥削小国的国际经济关系，由此形成了"中心－外围"的世界格局以及外围国依附中心国的贸易结构。

英国古典经济学家李嘉图最早关注了国际不平等交换现象，但是他只认为资本国际自由流动的空间约束是不等量劳动交换的主要诱因，而没有论证劳动力流动性在制约国际不平等交换中的决定性作用，也没有在分析中恪守劳动价值基础，所以，他没有进一步讨论国际不平等交换政策，而是仅完善发展了基于亚当·斯密关于劳动分工和劳动效率的比较优势理论。之后，马克思在剩余价值理论的逻辑基础上提出了国际不平等交换思想，指出发达国家和欠发达国家之间的商品贸易是剩余价值国际转移的实现方式，其实质就是国际资本剥削。随着经济全球化的深入发展和世界市场规模的不断扩大，这一思想的现实意义正逐渐显现出来。而在国际不平等交换中处于强势地位的国家位于中心位置，处于弱势地位的国家则位于外围或者半外围位置，而且外围或者半外围国家对中心国家处于依附状态。那么，由于劳动生产率低、政治影响力小、经济制度不健全等因素而大多处于弱势地位的小国在制定贸易战略时总是会利用自身的相对比较优势依附处于中心位置的大国，短期内容易满足小国国内生产和消费的需求，但是长期来看会形成较为单一的且处于产业链下游的经济结构，而且较高的对外贸易依存度降低了本国抵御国际政治经济环境变化的能力。

三　贸易合作的政治经济学

与效率经济学和公平经济学的分析不同，政治经济学更强调政治行为对贸易政策的制定和演变以及国际和国内利益关系的经济影响。从国际层面来看，该理论强调国家是国际政治经济关系中的行为决策主体，追求国家整体利益的最优化，而贸易政策只是一国对外政策的一个组成部分，一般服从于国家利益。尤其是金德尔伯格等人提出的"霸权安定理论"，指出一国在国际政治经济中的地位决定了其对外经济政策，特别是在国际体系中经济、政治、军事等实力超群的霸权国家形成后，一般会全力推动体系内的自由贸易，并通过制裁、报复等非经济手段执行相关准则，稳定和维护体系正常运行，反之，霸权地位一旦下降，便要求退出自由贸易体系，转向新贸易保护主义。进一步来看，在该体系中，小国处于从属地位，贸易政策的制定也要着眼于国家整体利益的最优化，也就是权衡经济、政治、社会等综合竞争力。这就表明贸易政策是国家之间政治经济关系的一种具体表现形式，赫莱尼尔（Helleiner）等人用国际谈判模型解释了 20 世纪 30 年代以来特别是二战后关税不断下降的原因，正是因为通过国家之间的谈判达成协议不会引起国内相关利益主体的普遍反对，还可以用协议规制避免利益互损的贸易保护主义，且比单方面实施减税政策的成本更低。从国内层面来看，贸易政策的决定源于公共选择理论的发展，就是在假定市场完全竞争、收入再分配可行、以直接投票的简单多数原则确定当选者且投票成本为零的条件下，决策者最应该选择最有效率的自由贸易政策，这既适用于大国，也适用小国。

综上讨论，"大国－小国"贸易合作只要基于彼此不同的政治、经济和社会文化等背景，遵循求同存异的自由互利市场准则，双方就可以充分利用各自的资源禀赋等相对比较优势，加快推进双边自由贸易机制的构建与创新，不断优化符合双边利益最大化原则的分时期、分阶段的贸易模式。

第三节　浙江和沙特货物贸易发展的现状特征

2008 年全球经济危机导致世界经济持续疲软、有效需求严重不足，以至于贸易保护主义死灰复燃，不断冲击着自由贸易体制，但是在中国"一带一路"倡议的推动下，中国，尤其是浙江与沙特货物贸易紧密度日益加强，贸易条件不断优化，双边自由贸易潜力得到有效挖掘，从而加快了两国之间贸易规模的扩大和贸易结构的优化互补。

一　出口贸易发展的规模与结构

从出口贸易规模来看，表 4－1 的统计数据表明，中国对沙特的货物出口总额从 2013 年的 187.4 亿美元增加到 2019 年的 238.56 亿美元，与 2013 年相比增长了 27.3%；占全国出口总额的比重从 2013 年的 0.85% 提高到 2019 年的 0.95%，而一直以来中国对沙特的出口依存度年均只有 0.17。总体来看，中国对沙特的出口规模虽然有一定的起伏，但是依然在贸易保护主义的逆全球化形势下以及国际石油价格趋于下降的态势下保持了较为稳定的增长速度，尤其是 2019 年的出口总额及占全国出口总额的比重都有了较大幅度的提升。

表 4 - 1　2013～2019 年中国对沙特阿拉伯的货物出口贸易发展

年份	数额（亿美元）	同比增长（%）	占全国出口额比重(%)	出口依存度
2013	187.40	1.55	0.85	0.20
2014	205.75	9.79	0.88	0.20
2015	216.13	5.04	0.95	0.20
2016	187.56	-13.22	0.89	0.17
2017	183.74	-2.04	0.81	0.15
2018	174.29	-5.14	0.70	0.13
2019	238.56	36.88	0.95	0.17

资料来源：笔者根据联合国贸易数据库、中国国家统计局数据库和杭州海关的数据整理。

表 4 - 2 的统计数据表明，浙江对沙特的货物出口总额从 2014 年的 33.11 亿美元减少到 2018 年的 29.12 亿美元，降低了 12.05%，占浙江出口总额的比重保持在 1% 左右，在全国同类出口总额中占比也保持在 16% 以上。总体来看，浙江作为我国的外贸大省，虽然对沙特的出口总额有下降的趋势，且在浙江出口总额中占比较低，但是，可以发现 2016～2018 年出口规模下

降的速度是递减的，更重要是的，在全国同类出口总额中占有较大比重，说明浙江在中国与沙特的出口贸易关系中一直发挥着重要作用，今后可以继续优化出口目标市场布局，深度拓展沙特市场。

表4-2　2014~2018年浙江省对沙特阿拉伯的货物出口贸易发展

年份	数额（亿美元）	同比增长（%）	占浙江出口总额比重（%）	占全国同类出口总额比重（%）
2014	33.11	—	1.21	16.09
2015	38.80	17.19	1.41	17.95
2016	33.37	-13.99	1.25	17.79
2017	30.40	-8.90	1.06	16.54
2018	29.12	-4.21	0.91	16.71

资料来源：笔者根据联合国贸易数据库、中国国家统计局数据库和杭州海关的数据整理。

从出口贸易结构来看，按照 HS1996 分类方法，中国出口沙特的主要商品是第 84 章机械设备、第 85 章电气设备、第 94 章床上用品，第 62 章机织服装，第 87 章汽车等。例如，2015 年中国出口沙特的主要商品是核反应堆、电子照明设备及其零部件、铁路及轨道交通设备等，占全部货物出口的近 50%；2016 年主要出口商品是机械设备及其零部件，电机、电器、音响设备及其零部件，家具、寝具及灯具，钢铁，针织服装等，占全部货物出口的近 50%；2017 年主要出口商品是机器及其零部件，仅此一项占比就占全部货物出口的近 30%；2018 年主要出口商品是电机、电器、音响设备及其零部件，机械设备及其零部件，船舶，家具，钢铁等，占全部货物出口的近 50%；2019 年主要出口商品是机电及电子设备、家具、纺织品、汽车、钢铁及其制品等，占全部货物出口的近

60%。其中，2019 年中国出口沙特的汽车数量为 628135 辆，总价值 120 亿美元，同比增长 21.6%，但是仍相对落后于日本、美国、韩国、泰国、德国，位居第六。

总体来看，中国出口沙特的商品主要是资本密集型和劳动密集型的加工制造品，尤其是位于价值链中上游的资本密集型商品出口占比逐年上升，这与中国的供给侧结构性改革和产业结构转型升级密切相关，因而两国合作具有巨大的潜力。但是，中国与沙特的其他主要的传统进口目标国相比，如日本、美国、韩国等，在贸易规模和结构上还存在一定的差距。此外，在海湾国家中，阿联酋、沙特和伊拉克的进口产品类似，彼此具有较大的竞争性，这也是中国与沙特贸易规模不能大幅度提高的主要原因之一。

二 进口贸易发展的规模与结构

从进口贸易规模来看，表 4 - 3 的统计数据表明，中国对沙特阿拉伯的货物进口总额从 2013 年的 534.51 亿美元先是持续降低到 2016 年的 236.62 亿美元，同 2013 年相比减少 55.7%，然后又开始迅速回升，持续增加到 2019 年的 541.82 亿美元；占全国出口总额的比重从 2013 年的 2.67% 下降到了 2016 年的 1.49%，同样又迅速回升，持续增加到 2019 年的 2.57%；而中国对沙特阿拉伯的进口依存度也是先从 2013 的 0.56 持续下降到 2016 年的 0.21，之后又迅速回升，持续增加到 2019 年的 0.38。总体来看，中国对沙特的进口规模及其同比增长、占全国进口额比重、进口依存度等都呈现明显的"V"字形变化态势，预示着中国对沙特阿拉伯的货物进口贸易规模不断扩大的发展趋势，也就是说，沙特阿拉伯日益成为我国在西亚北非地区的重要进口目标市场国。

表 4 - 3　2013~2019 年中国对沙特阿拉伯的货物进口贸易发展

年份	数额 （亿美元）	同比增长 （%）	占全国进口额 比重（%）	进口 依存度
2013	534.51	-2.57	2.67	0.56
2014	485.08	-9.25	2.47	0.46
2015	300.21	-38.11	1.78	0.27
2016	236.62	-21.18	1.49	0.21
2017	317.62	34.23	1.73	0.26
2018	458.65	44.40	2.15	0.33
2019	541.82	18.13	2.57	0.38

资料来源：笔者根据联合国贸易数据库、中国国家统计局数据库和杭州海关的数据整理。

表 4 - 4 的统计数据表明，浙江对沙特阿拉伯的进口总额从 2014 年的 23.34 亿美元减少到 2015 年的 20.3 亿美元，然后又迅速持续增加到 2018 年的 36.05 亿美元从而在浙江进口总额中的比重从 2014 年的 2.86% 增加到 2018 年的 3.24%，同样在全国同类进口总额的比重也从 2014 年的 4.81% 增加到 2017 年的 8.95%，然后在 2018 年略微降低到了 7.86%。总体来看，浙江的资源禀赋劣势决定了浙江是一个外贸进口大省，尤其是在战略性资源方面的匮乏加速了浙江对沙特的进口贸易额的增长趋势。同样，浙江省对沙特进口额占全国同类进口总额的比重增长也非常显著，占浙江进口总额的比重也在稳定提高，说明沙特阿拉伯日益成为浙江在西亚北非地区极具发展潜力的战略性进口目标市场国。

表 4 – 4　2014～2018 年浙江省对沙特阿拉伯的货物进口贸易发展

年份	数额 （亿美元）	同比增长 （％）	占浙江进口总额 比重（％）	占全国同类 比重（％）
2014	23.34	—	2.86	4.81
2015	20.30	− 13.02	2.88	6.76
2016	20.93	3.10	3.07	8.85
2017	28.42	35.79	3.11	8.95
2018	36.05	26.85	3.24	7.86

资料来源：笔者根据联合国贸易数据库、中国国家统计局数据库和杭州海关的数据整理。

从进口贸易结构来看，按照 HS1996 分类方法，中国进口沙特的主要商品除了原油，还集中在第 27 章矿物燃料，第 29 章有机化学品，第 39 章塑料及其制品，第 26 章矿石等大类，其中，工业产品占了绝大比重。例如，2015 年中国进口沙特的商品除了原油，主要是化工染料、塑料、矿石等，占比超过了 99％。2016 年中国进口沙特的商品除了原油，主要是矿物燃料、有机化学品、塑料及其制品等，占比也将近 98％。到了 2019 年，中国进口沙特的商品除了原油，以塑料橡胶等下游化工材料为主。而 2019 年沙特非石油出口额达到 576 亿美元，同比下降 5.8％，其中中国为其最大的出口目的地，出口额为 95 亿美元，占出口总额的 16.5％，其次是印度、阿联酋、新加坡和欧盟。值得一提的是，在过去五年中，沙特对中国和印度的非石油出口都增长了近 50％。总体来看，中国进口沙特的商品主要是与能源相关的商品，除了原油之外，非石油商品在中国产业结构优化升级过程中同样具有较大需求，而且中国已经连续多年成为沙特的最大进口来源国，是沙特最大的贸易伙伴。

三　进出口贸易发展的规模与结构

从进出口贸易规模来看，表 4 - 5 的统计数据表明，中国对沙特阿拉伯的货物进出口总额从 2013 年的 721.91 亿美元先是持续降低到 2016 年的 423.12 亿美元，同 2013 年相比减少了 41.39%，然后同样开始迅速回升，持续增加到 2019 年的 780.38 亿美元。在全国进出口总额中的比重从 2013 年的 1.72% 下降到 2016 年的 1.15%，也同样迅速回升，持续增加到 2019 年的 1.71%；相应地，中国对沙特阿拉伯的进出口依赖度先从 2013 年的 0.76 持续下降到 2016 年的 0.38，之后也迅速回升，又持续上升到 2019 年的 0.55。进一步分析表明，从 2013 ～ 2019 年，中国对沙特阿拉伯的贸易差额都处于逆差状态，从 2013 年的 347.11 亿美元持续降低到 2016 年的 49.06 亿美元，同 2013 年相比减少 85.87%；然后又持续上升到 2019 年的 303.26 亿美元。这表明中国对沙特的贸易逆差正在呈现不断扩大的态势。

表 4 - 5　2013 ～ 2019 年中国对沙特阿拉伯的货物进出口贸易发展

年份	数额 （亿美元）	同比增长 （%）	占全国进出口额 比重（%）	贸易 依存度
2013	721.91	- 1.53	1.72	0.76
2014	690.33	- 4.37	1.60	0.66
2015	516.34	- 25.20	1.30	0.47
2016	423.12	- 18.05	1.15	0.38
2017	501.36	18.49	1.22	0.41
2018	632.94	26.24	1.37	0.48
2019	780.38	23.29	1.71	0.55

资料来源：笔者根据联合国贸易数据库、中国国家统计局数据库和杭州海关的数据整理。

表4-6的统计数据表明，浙江对沙特阿拉伯的进出口总额在
2015年增加到59.1亿美元，同比增长了4.7%；而2016年又减少
到54.30亿美元，同比减少了8.12%；之后一直增加到2018年的
65.18亿美元。而在浙江进出口总额中的比重从2015年的1.70%
一直下降到2018年的1.51%；占全国同类比重则从2014年的
8.17%增加到2016年的12.81%，然后又持续下降到2018年的
10.30%。进一步分析来看，2014~2017年浙江与沙特阿拉伯的贸
易差额都处于顺差状态，2018年才开始出现逆差，其中，顺差规
模最大的是2015年的18.5亿美元，最小的是2017年的1.98亿美
元，逆差规模是6.93亿美元。这表明近年浙江与沙特的双边贸易，
浙江以出口为主，进口有了开始扩大的态势。

表4-6 2014~2018年浙江省对沙特阿拉伯的货物进出口贸易发展

年份	数额（亿美元）	同比增长（%）	占浙江进出口总额比重（%）	占全国同类比重（%）
2014	56.45	—	1.59	8.17
2015	59.10	4.70	1.70	11.45
2016	54.30	-8.12	1.62	12.81
2017	58.83	8.34	1.55	11.73
2018	65.18	10.80	1.51	10.30

资料来源：笔者根据联合国贸易数据库、中国国家统计局数据库和杭州海关的数据整理。

总体来看，中国和沙特阿拉伯的进出口贸易规模变化从2013
年到2019年出现了与进口贸易规模变化基本类似的"V"字形变
化态势，说明两国之间的贸易紧密度正在不断提升，贸易条件持续
向好，特别是在双方政府高层互访的积极推动下，两国贸易出现了
快速发展的趋势。但是，中国在双方贸易关系中始终处于逆差状

态，而且逆差的规模也在不断扩大，尽管浙江出口贸易具有一定的比较优势，但也开始出现逆差的态势。那么，一方面，从一般商品的贸易交换来考量，应该积极实施贸易平衡战略，扩大出口规模；另一方面，从原油这种战略贸易商品来考量，应该认识到逆差状态可以满足我国整体经济高质量发展的需求，并且可以增强我国在中（浙）沙贸易中的话语权和定价权。

第四节　新冠肺炎疫情下浙江和沙特货物贸易发展的主要困境

如前所述，虽然沙特是石油大国，但大到工业设备小到日用吃穿都依赖进口。目前沙特主要进口商品有建材、电子产品、日用消费品、纺织、食品、机械设备和家具等。中国与沙特在经贸领域互补性强。从贸易结构看，沙特对中国出口的前五大产品分别是原油、有机化工产品、塑料及其制成品、金属矿石、海产品；从中国进口的前五大产品分别是电器设备及其零部件、机械设备及其零部件、船舶、家具、钢铁。中国的商品不仅质量好，而且对比欧美市场，在价格方面也有很大优势，中国商品在沙特市场具有极强的竞争优势。同时，沙特官方数据显示，中国是沙特第一大贸易伙伴，2018 年两国贸易额达 614 亿美元，同比增长 32%，占沙特同期外贸总量的 17%。其中，沙特对中国出口的原油和非油产品金额分别同比增长 51% 和 56%，沙方贸易顺差 169 亿美元，同比增长210.8%。

中国海关数据显示，2018 年沙特对华出口额为 459 亿美元，其中 99.84% 为资源类产品，0.16% 为非资源类产品，非资源类产品主要为无纺织物、食品等，而食品是沙方在非资源产品中最有潜力出口中国的。在 2019 年前 11 个月中，沙特非石油商品出口额达到 1969.3 亿里亚尔（约 525.1 亿美元），其中中国占额位居首位，占 16.4%。

如果没有发生新冠肺炎疫情，中国同沙特这种互补型贸易合作关系或将继续深化并得到进一步提升。疫情的冲击不仅使包括中国、沙特在内的国际贸易合作在短期内会出现明显下挫，同时也会在中长期阶段面临国际贸易格局出现重大变化的现实，中沙传统贸易合作将面临诸多挑战和不确定性。

沙特阿拉伯自 2020 年 3 月 2 日确诊了该国境内首例新冠肺炎病例以来，疫情呈现快速蔓延趋势，成为中东地区确诊感染人数较多的国家，防控形势严峻。为遏制疫情，沙特政府采取了严格的防控措施，这在一定程度上减缓了病毒的传播速度，但宵禁和人员流动管控等措施对服务业和旅游业等非石油经济产业产生了深刻影响。与此同时，受国际石油需求锐减和价格战的双重打压，国际油价出现暴跌，使深度依赖石油收入的沙特遭遇巨大冲击。同世界上大多数国家一样，新冠肺炎疫情带来的经济冲击对沙特而言已经是不可避免的。

一　疫情对于沙特国家财政的影响

2020 年第一季度，沙特阿拉伯的政府收入仅为 1920 亿里亚尔，同比下降 22%；石油收入同比下降了 24%，仅为 1290 亿里亚尔，非石油收入也减少了 17%，政府财政收入全面告急。在政府宣布新的紧缩措施之前，沙特的预算赤字已经达到了 GDP 的 15%。

在疫情发生之前，沙特 2020 年的财政赤字目标原本定在 GDP 的 6.4%，按照这一赤字水平，油价需要维持在每桶 65 美元左右。而有的专家预测，沙特政府的预算赤字在 2020 年可能会扩大到 GDP 的 15%。另外根据沙特财政部的报告，2020 年 1~3 月，沙特石油出口收入同比下降 24%，仅为 340 亿美元，导致总收入同比下滑 22%。受此影响，沙特第一季度预算赤字为 90 亿美元。相比之下，沙特去年第一季度则实现了预算盈余 74 亿美元。

事实上，即使没有新冠肺炎疫情的大流行，沙特的经济状况也不容乐观。世界银行的数据显示，2019 年底，沙特的外债总额超过 1830 亿美元，高于 2018 年底的 1510 亿美元。总部位于伦敦的"中东之眼"报道，过去五年内，沙特的外债规模上涨了 1500%，而现金储备却减少了 2330 亿美元。

根据彭博社预测，在 2020 年，沙特政府的预算赤字仍可能超过 GDP 的 13%。沙特财政部部长穆罕默德·贾丹表示，2020 年沙特阿拉伯将把其借款计划增加一倍，以减轻对本国外汇储备的影响，沙特需要将外汇储备维持在一定水平，来支持沙特里亚尔与美元挂钩。

沙特《经济报》6 月报道，2020 年前 4 个月，沙特对外货物贸易总额为 3971 亿里亚尔（约 1059 亿美元），较去年同期的 5219 亿里亚尔下降约 23.9%。沙特阿拉伯中央银行、沙特阿拉伯金融管理局发布的月度报告显示，外汇储备增加了 16.1 亿里亚尔（4.29 亿美元）。2020 年 6 月沙特的外汇储备已降至 1.66 万亿里亚尔，为 2010 年以来的最低水平。

专家表示对沙特 2020 年下半年的经济与财政仍难言乐观，沙特财政政策面临着"稳经济"与"保财政"的两难局面。从沙特政府上半年公布的政策来看，政府似乎选择了保守路线，更有意维持财政平衡的长期目标。企业和居民应该对紧缩政策及时调整心理预期，同时新政策对经济复苏、营商环境和社会预期的影响不容小觑。而不容忽视的是，沙特经济在上半年同时表现出一定的韧性，据沙特官方表示，沙特经济正从疫情的影响中回温，外国投资开始恢复往年来的强劲增长势头，这与上半年沙特结束封锁措施以及一些部门正显示复苏迹象有关，例如 2020 年 6 月沙特国内旅游业同比增长 18%，酒店入住率回升到 85% ～ 90%。同时，得益于相对强大的政府管理能力和较为强健的外部资产负债表，沙特主权信用评级将继续维持在 A －/A － 2，信用评级机构仍对沙特维持"稳定"评级，国际市场对沙特债券发行同样表示了欢迎态度。随着全球经济逐步回暖、石油需求和价格回升，沙特经济有望在 2021 年实现触底反弹，预计 2021 ～ 2023 年可达到 2.4% 的年均复合增长率。但 2020 年沙特的处境依然艰难，沙特国家统计总局发布的统计报告显示全年 GDP 较上一年下降 4.1%，人均 GDP 则将从 2019 年的 2.33 万美元暴跌至 1.87 万美元。因此沙特官方对本国经济恢复持谨慎乐观态度，认为下一步经济发展形势将取决于抗击疫情的进展情况。

二　疫情导致消费预期受挫，影响沙特进口市场

由于全球疫情大流行加上能源价格下跌，2020 年沙特的石油和非石油收入同时下降，这严重打击了沙特的公共财政。此前国际货币基金组织曾在一份报告中预测，沙特 2020 年全年国民生产总

值将下降 6.8% 。

　　在疫情蔓延和严峻的经济形势下，沙特政府采取了前所未有的措施予以应对，包括将增值税提高了三倍，即自 2020 年 7 月 1 日实行 15% 的较高增值税，使本年度通货膨胀率达到 6.1% ，这是沙特近几年最高的通货膨胀率。同时从 6 月 1 日，沙特所有政府公职人员和军人的津贴将暂停发放。分析人士认为，沙特政府希望增加非石油经济收入，下令大幅提高增值税并取消生活津贴，此举将导致民众购买力显著下降，从而抑制消费者的支出并减缓经济增长。

　　目前，沙特官方已经下调 2020 年本国消费者的支出前景，预测 2020 年实际家庭支出将仅增长 1.0% ，而疫情暴发之前的 2020 年预测值为同比增长 4.1% 。在疫情严重时期，政府的部分封锁措施限制了消费者的流动，诸如只允许超级市场、大卖场和药房等基本商店继续营业，因此民众的市场消费行为受到严格抑制。同时，在疲软的油价可能会持续影响沙特经济增长的情况下，沙特的未来消费将面临进一步下行的风险。据调查显示，中东和北非的消费者中有 69% 的人认为，由于新冠肺炎疫情，他们的生活方式已经发生改变，节俭正日益成为海湾国家民众生活消费的新常态。

　　《安永未来消费者指数》报告对来自沙特和阿联酋的 1018 位消费者的调查显示，84% 的消费者表示已经改变了购买标准，消费者更加注重物有所值并加大了对消费本地制造产品的承诺。

　　正如沙特财政大臣所说，疫情冲击全球石油市场从造成的油价下跌让沙特的石油财政收入锐减，国内外的种种封锁政策对非石油部门的经济增长带来负面影响。为降低经济下行带来的后续影响，政府决定实施紧缩政策，除提高增值税和取消部分人的补助外，政府还会取消或推迟本年度对一些重大项目的拨款计划。据统计，2020 年第二季度沙特承包工程市场累计授标额为 110 亿里亚尔（约合 29.3 亿美元），较去年同期下降 83%，较第一季度环比下滑 76%。2020 年上半年，市场累计授标额为 562 亿里亚尔，较 2019 年同期大幅缩水 50.7%。从地域来看，东部省授标额约占比 75%，主要聚集在水务和油气领域；麦加省排名第二，占比约 10%，主要集中在电力和房建领域；利雅得省排名第三，主要集中在医疗和房建领域。基础设施、公共设施建设等大型项目的需求反过来会刺激工业机械、电力等相关设备进口的需求，而大型基建项目与承包工程的减少，势必会减少相关产品进口的数量与规模。

为减缓经济困局带来的影响，沙特海关决定自 2020 年 6 月 10 日提高部分商品的进口关税，商品清单涉及 2600 多个税则号，影响较大的有矿物、瓷砖、金属及钢铁类产品，机械、电器及汽车零配件产品（见表 4–7）。

表 4–7　沙特调整关税产品清单

产品种类	项目数量
动植物产品	224 项
化学品及橡塑胶产品	50 项
皮革	27 项
纸类及橡胶类产品	38 项
纺织及鞋帽类产品	91 项
矿物、瓷砖、金属及钢铁类产品	878 项
机械、电器及汽车零配件产品	115 项
仪器、家具、玩具、艺术品及杂项制品	26 项

资料来源：中华人民共和国驻沙特阿拉伯王国大使馆经济商务处。

据中华人民共和国驻沙特阿拉伯王国大使馆经济商务处官网消息，沙特多次对进口关税进行调整，主要原因是油价下跌和新冠肺炎疫情带来的巨大冲击。沙特当地经贸人员认为政府提高进口关税税率的原因是多方面的，其中就包括保护国内产业和增加国家财政收入等。

第五节　后疫情时代浙沙货物贸易发展的对策建议

新冠肺炎疫情在全球持续蔓延，不仅给全球公共卫生安全带来挑战，也给各国贸易合作带来冲击和影响。在全球国际经济合作不断深化的情况下，各国政府在做好疫情防控的同时，无时无刻不在思考如何保障产业链与供应链安全，恢复国际贸易合作，推动经济复苏。中国和沙特经济互补性强，双边贸易务实合作基础好，合作前景非常广阔，同时两国均为二十国集团（G20）成员国，不仅在联合抗击疫情中携手合作，而且在维护双方贸易合作、共同推动后疫情时期两国经济复苏与发展方面也将继续有所作为。

第一，中国应对沙特后疫情时代的发展前景与中沙传统贸易合作继续保持信心。尽管沙特受到新冠肺炎疫情的暂时冲击，但作为中东地区重要的经济体，加之沙特经济自身所具备的韧性与弹性，中国应当有理由相信沙特经济未来发展的前景以及该国市场潜在的巨大商机。

沙特是中东地区最大的终端消费市场，同时还拥有世界上丰富的石油储量，且沙特人口的持续增长也为建筑行业的兴旺提供了有力的保证，而目前中国对沙特的出口额还不到沙特总进口额的

10%，远远低于欧美日等发达国家对该国的出口额。

在中东地区，沙特是各国产业项目投资力度最大的国家。在疫情发生之前，沙特正在全国范围内兴建六大经济城市，项目投资均高达数百亿美元，同时还计划在未来十年内投资 1403 亿美元用于电力项目，以满足日常生活及工业需求。沙特这种大规模投资反过来会刺激国内对工业电力相关设备以及建筑材料的大量需求，据估计，在上述项目背景下，沙特涂料需求量接近 90 万吨，仍是中东最大的涂料市场。尽管疫情导致了不少项目推迟或暂时搁置，但在后疫情时期随着沙特国家经济的复苏，以沙特为主的中东国家基础设施与产业项目的恢复及其带来的市场商机仍值得期待。

第二，中国同沙特应继续加强政策沟通，保持贸易渠道畅通，完善双边或多边合作机制，确保产业链和供应链安全。同为二十国集团成员国，中国同沙特不仅可以借助该国际合作平台继续联手抗击疫情，而且还可以继续加强经贸政策沟通与协调。通过二十国集团贸易部长会议、二十国集团工商界活动以及世界贸易组织等多边渠道，中沙两国将继续共同维护多边贸易体制，维护全球市场开放。同时，借助"中沙高级别联合委员会"的平台优势，保持沟通协作并完善合作机制，在巩固合作成果和拓展合作空间方面进一步发挥统筹协调的作用。

在继续保持贸易畅通、保障产业链和供应链安全方面，有数据显示，2020 年中沙两国第一季度进口额、出口额同比均保持增长态势，双边贸易总额在逆势中实现同比增长 4.73%，两国贸易合作在疫情冲击下展现出很强的韧劲。在未来疫情常态化下，两国更应将重视畅通贸易网络、保障产业链和供应链稳定作为双边贸易合作的重要基础性保障。在政府机构层面，在确保卫生安全保障的前提下，两国应该进一步完善管控措施，提高清关、物流、交通环节的效率，确保装备、物资、人员等环节的流通，为稳定两国传统贸易格局、保障产业链和供应链的安全创造良好的基础条件。

第三，中国与沙特应继续巩固传统合作基础，为传统产业与传统贸易注入新的生机与动力。传统制造业的转型升级与高质量发展将成为国家竞争力的重要组成部分。尽管中国传统制造业的成本优势正在逐渐减弱，但产业链完整的优势依然存在，中国应当加快建设公共科技服务体系，注重先进适应性技术的应用、开发与推广，通过持续提升传统制造业的工艺、质量、设计与效率，来巩固既有的竞争优势；同时通过利用先进技术升级和改造传统产业，将其发展成为先进制造业的重要组成部分。

同样，在实现生产要素的升级、价格优势转变为技术优势方面，以价格优势、成本低廉为特色的浙江传统贸易格局面临以科学技术为驱动的新经济带来的重重压力。只有转变当前的生产要素，转而以科学技术为贸易模式的驱动力，才能继续确保浙江在全球市场中的地位。因此，在鼓励自身发展科学技术的同时，浙江企业还要积极引进其他国家或地区的先进技术。同时，由于浙江省民营企业较多，它们普遍缺少品牌国际化意识，大多是通过中间商进行对外贸易，但这样既减少了企业自身的利润，又容易在贸易摩擦中蒙受巨大的经济损失。因此，对于浙江传统产业而言，确立强大的品牌战略，在国际贸易中保护自身合法权益，保持自身特色不失为更高的发展目标和更为合理的选择。

第四，中国与沙特应在传统领域合作的基础上，探索新兴产业合作机遇。对于开展中国同沙特在新兴产业领域内的合作，习近平主席在同沙特国王萨勒曼通话时曾表示："中方愿同包括沙特在内的二十国集团成员加大对发展中国家的帮助，建设开放型世界经济，维护全球产业供应链稳定，便利人员有序流动，引领数字经济合作，打造开放、公平、公正、非歧视的数字经济环境。"可以预见，随着世界各国各种摆脱困境、刺激经济复苏政策的出台，后疫情时期沙特经济将逐渐复苏，营商环境也会进一步改善，沙特资源要素禀赋的优势也会日益显现。不少市场人士认为，沙特仍被看作是发展新兴产业的沃土，随着技术应用与商业模式的日渐成熟，这些领域有望成为中沙合作新的增长点。《美国商业资讯》报告显示，到 2025 年底，海合会的智能家居市场预计将增至 34 亿美元。报告还称，海合会智能家居数量正在大幅增长，预计未来几年将进一步增长。智能家居通过连接互联网设备实现远程监视与设备控制。海合会国家展现出了对家居自动化的明显偏好，因为这项新技术可提供更为便利的生活，而且还可以节省能源。报告显示，沙特、阿联酋和卡塔尔在海合会国家的智能家居市场中占有较大份额，其中沙特智能家居安全市场正在蓬勃发展，因为沙特内政部已强制所有企业必须在其工作场所内安装监控摄像头，以防盗窃等犯罪活动。

第五，中国与沙特应继续利用互联网平台的优势，促进两国开启云贸易合作模式。受疫情影响，线上展会成为特殊时期国际买家与卖家采购商品、获取订单的主要渠道之一。例如，为确保国际沟通对接渠道的畅通，浙江省金华市搭建了"金华数字外贸公共服务平台"，目前共有 1000 多家企业完成注册，并上传了 6500 余种产品。此外金华市还联合沙特哈里喜展览公司驻上海办事处、香港贸发局等举办了10场"金华制造云参展云对接"线上自办展，积极开展洽谈对接，努力达成互利双赢的合作成果。其中在2020年7月20日，中国－沙特国际贸易线上对接会暨2020浙江金华出口网上交易会（沙特站－消费品专场）开幕，本次展会共有来自沙特的40名境外采购商以及来自金华的55家供应商，在15天内通过在线平台配对洽谈，开幕当天意向成交额达到1800万美元。又如，首届浙江出口网上交易会（沙特站－酒店用品及家具家居专场）线上视频配对会于2020年7月31日成功落幕。本次网上交易会对促进浙江酒店用品及家具的"走出去"提供了线上贸易平台，浙江企业通过线上展示、洽谈，最后达成合作意向。浙江出口网数据平台显示，首届浙江出口网上交易会（沙特站－酒店用品及家具家居专场）线上视频配对会达成的意向订单超过百万美元。

在新冠肺炎疫情的特殊背景下，尽管中国与沙特贸易合作面临诸多困难，且线下贸易形式在某些方面的确具有在线贸易难以替代的特点与优势，但同时应意识到，在疫情蔓延的情况下，以直播为主要形式的云上交易将有助于维护和稳定中沙两国的贸易合作格局和基础，同时有益于打开更多的合作商机。数字化新外贸的崛起，既是疫情影响下的一个选择，也可能成为后疫情时期中沙两国以及更多国家未来外贸转型的发展方向。

第五章　浙江和沙特跨境电子商务合作研究

林菡密　刘奕辰

第一节　浙江和沙特跨境电商合作现状

"一带一路"倡议提出以来，尤其是新冠肺炎疫情发生以来，阿拉伯电商市场实现了跳跃式发展。据阿拉伯市场电商推广组织 ArabClicks 数据，2020 年 3 月初以来，北非地区电商销售额增长超过 300%。预计到 2020 年底，仅海湾阿拉伯国家的电商销售额将达到 200 亿美元。金融服务公司 Visa 将此前对中东地区 2022 年电子商务市场份额的预测值从 269 亿美元提高到了 486 亿美元。[①]

中国企业出海中东离不开中国电商平台的大力支持，中东电商发展以及抗击疫情同样也离不开中国电商平台的支持。浙江是中国

---

① 《疫情中阿拉伯国家电商产业发展加速》，中阿改革发展研究中心，https://mp. weixin. qq. com/s/OJzpoIyl1GfmKuYueGAo0g。

发展跨境电商的主要力量，以浙江电商公司执御为例，它搭建了海湾地区排名第一的海外移动端购物平台 JollyChic，该平台服务对象覆盖了中东将近 80% 的网民，遍及沙特、阿联酋、科威特、巴林、卡塔尔、阿曼、约旦、黎巴嫩等阿拉伯国家，为阿拉伯国家提供了诸多便利条件。疫情期间，浙江执御 JollyChic 面向沙特等国市场，提供日用品等零售服务，为当地民众送货上门，也为阿拉伯国家防控疫情作出一份贡献。因此，浙沙两地跨境电商的合作更加紧密，双方对跨境电商成为外贸发展的新亮点愈加认可。双方已在跨境电商不同领域的交流与合作上投入了诸多人力、物力和财力，并在制度上提供保障，最终取得了显著效果。主要体现为以下几个特点。

一　合作主体多元化

从合作主体来看，中国国内主要通过中央各部委，浙江省政府各部门［如各地商务厅、跨境电商综合试验区、"一带一路"综合试验区、中国（浙江）自由贸易试验区等］，电子商务相关行业协会（如各地电子商务促进会、浙江省工商业联合会、中国贸促会等）、各类型跨境电商企业（如数字贸易平台、跨境电商服务企业和跨境电商卖家等）在各自领域发挥不同的作用，与沙特各类型组织（如沙特投资总局、沙特邮政、沙特通信和信息技术部①、沙特物流服务中心、沙特 Tamer 集团等）在跨境电商的标准，通关、物流、支付等方面建立合作机制，推动贸易自由化、便利化。

不同的合作主体在浙沙跨境电商合作中扮演着不同的角色。

---

① 国内也有通信部说法。

政府部门主要承担了签订战略合作协议、合作备忘录等工作，确立中（浙）沙双方合作的大框架，为双方具体项目合作奠定了基础。而浙江省各地跨境电商综合试验区、跨境电商相关协会以及各类型跨境电商企业则主要负责跨境电商具体项目的合作，如中国执御与沙特本地公司共同组建合资公司运营美妆、医药等新零售项目。

二　合作形式多样化

从合作路径来看，中沙主要通过签署合作谅解备忘录以及战略合作协议、搭建合作平台等多种路径、建立双边贸易畅通机制，为浙沙跨境电商具体合作奠定基础。

（一）签署合作谅解备忘录以及战略合作协议

（1）《"一带一路"数字经济国际合作倡议》是由中国、沙特、老挝、塞尔维亚、泰国、土耳其、阿联酋等国在 2017 年举行的第四届世界互联网大会上共同发起，为共建和平、安全、开放、合作、有序的网络空间奠定了基础。①

（2）中沙签署"数字丝绸之路"建设的谅解备忘录为沙特打造数字化社会、提升人们的幸福指数奠定基础。通过与中国的战略合作，沙特在数字政府建设上取得了巨大进展，很多事务可以在网上办理，比如可以在一天之内完成驾照在线注册。②

---

①　《人民日报：数字丝绸之路建设成为新亮点》，新华网，http：//www. xinhuanet. com/zgjx/2019 – 04/22/c_ 137997345. htm。

②　《数字丝绸之路行稳致远》，中国经济网，http：//www. ce. cn/xwzx/gnsz/gdxw/201904/26/t20190426_ 31947041. shtml。

（3）执御等主要跨境电商数字平台也与沙特当地政府和企业签订战略合作协议：①与沙特投资总局签订了《全面伙伴关系谅解备忘录》，浙江执御支持沙特社会加速数字化转型，提升经济多样化，沙特投资总局将为浙江执御提供全方位支持①；②与沙特通信和信息技术部签署了《关于建立战略伙伴关系的谅解备忘录》，这是两国数字经济领域合作不断发展的体现。②

（二）搭建合作平台

浙沙两地通过搭建线上线下展会、专题会议、政企对话会、数字贸易平台推介会等平台促进了浙江与沙特政府、行业组织、企业间的多层次电子商务交流与合作。

（1）线上线下展会。通过线上线下展会促进浙江省跨境电商企业品牌出海，或者将沙特的特有产品以进口的方式引入国内及省内。疫情前主要以线下展会为主，比如已经举办三届的迪拜展会，由杭州市人民政府主办、市商务局承办，是目前中国在海外举办的规模最大的国际性展会，已成为连接中阿贸易、共建"一带一路"的重要桥梁。③疫情期间创造性地发起了线上展会，通过跨境贸易的方式维持浙江和沙特的贸易往来，如 2020 年 7 月 6 日，宁波市商务局与吉达商会对接举办中国－沙特外贸企业线上对接洽

---

① 《浙江执御与沙特投资总局建立战略伙伴关系》，中华人民共和国商务部，http：//sa. mofcom. gov. cn/article/i/201903/20190302842068. shtml。

② 《浙江执御与沙特通信部建立战略伙伴关系》，人民网，http：//world. people. com. cn/n1/2019/1104/c1002－31435561. html，

③ 《"一带一路"全球行"海外杭州"谋共赢 | 230 余家杭企组团亮相 2019 中国（阿联酋）贸易博览会》，搜狐网，https：//www. sohu. com/a/361081831_100008535。

谈会暨 2020 宁波出口商品沙特网上展。① 线上线下展会拓展了交易双方的新思路，也增加了交易的新渠道。

（2）论坛和政企对话。一方面是浙江省各政府部门与企业积极主办的中国与沙特政府的相关论坛，如 2018 年 12 月 26 日，商务部电子商务司在杭州举办了"丝路电商"政企对话会，以落实与有关国家签署的电子商务合作谅解备忘录；2019 年 4 月 25 日，举行了第二届"一带一路"国际合作高峰论坛"数字丝绸之路"分论坛。另一方面是浙江省各政府部门与企业积极参与沙特政府举办的相关论坛和政企对话，如执御作为中东市场电子商务和物流领域的领军企业，应邀参加沙特通信和信息技术部举办的应对疫情特别论坛"希望·黑客马拉松"（Hope Hackathon）。周期性的论坛和政企对话加深了浙沙两地的跨境电商相关部门和企业间的了解，为双方合作创造了良好的环境。

（3）数字贸易平台推介会。通过执御、中基惠通等数字贸易平台实现了浙沙买卖双方的成功交易。作为中东领军电商，执御目前已发展成为中东装机量最大、海湾六国中交易额最大的电商平台，执御在产业特色鲜明的地区如南通、温州等地举办推介会来对接优质供应商②，与其一起开发中东市场，现已成功带动了 5000 多家中国企业成功出海中东。被业界称为外贸产业"全能保姆"的中基惠通、世贸通、一达通等外贸综合服务平台（下称外综平

---

① 《中国－沙特外贸企业线上对接洽谈会暨 2020 宁波出口商品沙特网上展成功举办》，中华人民共和国商务部，http：//jedda. mofcom. gov. cn/。
② 《剑指供应链升级　执御举办温州专场供应商对接会》，硅谷动力，http：//www. enet. com. cn/article/2019/1209/A201912091058427. html。

台），能提供物流、通关、退税、融资、保险等一站式服务，已成为宁波中小企业的接单"利器"。[①]

（三）建立双边贸易畅通机制[②]

双边贸易畅通机制旨在重点协调和解决影响双边贸易的困难和问题，挖掘双边贸易投资潜力，加强双边贸易投资引导工作。2019年，中国与沙特、匈牙利、南非、俄罗斯等6个国家组成了贸易畅通工作组，建立了快速响应机制，以进一步解决"一带一路"建设中出现的贸易壁垒、运输效率、汇率支付等方面的问题，为"一带一路"建设注入持久动力。

三 合作内容丰富化

浙沙两地跨境电商在合作内容上经历了由点到面的过程，从单纯的买卖交易合作扩大到共建共享电子商务生态系统，该系统的构建主要包括以下几个方面内容。

（一）数字贸易平台合作

第三方数字贸易平台是生态系统的核心，它连接了浙江和沙特的买卖双方，浙江省内典型的数字贸易平台主要有自营与开放平台兼顾的跨境电商平台执御以及跨境贸易平台如中基惠通、世贸通、一达通等外贸综合服务平台。（1）执御：通过利用旗下三个定位不

---

① 《外贸综合服务平台助宁波"稳外贸""全能保姆"护航甬企出海》，新华网百家号，https：//baijiahao. baidu. com/s？ id＝1646698386482166866&wfr＝spider&for＝pc。

② 《2019 年"一带一路"建设三大看点》，《经济日报》百家号，https：//baijia hao. baidu. com/s？ id＝1659945069836239853&wfr＝spider&for＝pc。

同的平台，执御完成了对中东市场不同层次消费人群的全方位覆盖。[①] 其中 JollyChic 覆盖中东地区海湾六国约 82% 的互联网用户，销售时尚、电子、家居、美妆等逾 200 种主要类目商品，为客户提供一站式在线购物体验。MarkaVIP 为轻奢电商平台，Dealy 为性价比时尚平台。（2）外贸综合服务平台：为中小外贸企业提供市场开拓、交易达成、物流、通关、退税、融资、保险等一站式服务，特别是帮助它们开拓"一带一路"沿线国家（包括沙特）的新兴市场，让它们不仅可以弥补美国市场的损失，还能促进经济增长。[②]

（二）跨境物流合作

浙江与沙特在跨境电商物流方面的合作不仅构建了国际物流的大动脉，也在最后一千米配送等细节功能建设方面取得进展，总体来说做到了物流体系的稳中有进。双方的主要合作包括头程运输与通关，以及在沙特以及整个中东地区布局电商物流网络。前者如浙江海港集团和迪拜环球港务集团合资成立了义迪通公司，深度参与了沙特利雅得等无水港运营项目，为跨境电商以及传统外贸通关奠定了基础；又如宁波舟山港抢抓海上丝绸之路沿线贸易发展的新商机，积极开拓出口新业务，该港多次完成沙特、埃及、古巴、马来西亚等国外贸滚装汽车出口业务和非洲多国的渔船整船出口业务。[③] 后者如执御通过自营和第三方运营模

---

① 《执御入选创业邦"2019 中国创新成长企业 100 强"》，美通社，https：//www. prnasia. com/story/268929 - 1. shtml。

② 《外贸综合服务平台助宁波"稳外贸"》，浙江在线，http：//zjnews. zjol. com. cn/zjnews/zjxw/201910/t20191007_ 11143723. shtml？ ivk_ sa =1023197a。

③ 《为"一带一路"建设探路！宁波综试区"亮"在哪里》，中国宁波网，http：//news. cnnb. com. cn/system/2019/04/25/030046666. shtml。

式，构建了一张覆盖整个中东地区的电商物流网络。执御在沙特利雅得建立了自营海外仓，该海外仓还被评为浙江省公共海外仓，其功能得到了进一步升级，并在沙特取得了历史性突破：沙特海关同意将执御在沙仓库转为沙特首个电商保税仓，执御的自营物流网络覆盖沙特全境①；特别是疫情发生后，执御将沙特的配送网络从疫情前覆盖的约 60 个城市，扩展到现在的约 100 个城市。②

（三）跨境支付合作

浙江与沙特跨境电商的合作主要以执御为代表，2019 年底执御旗下支付平台执御支付（JollyPay）获得了沙特本国的支付牌照。执御已经成为海合会国家中唯一持有该牌照的外资、中资企业。③ JollyPay 不仅与沙特数家银行的系统对接，同时还支持全球多家收单机构联网。此举将大大提升沙特消费者支付渠道的多样性，不仅可确保支付成功率，还将有效降低支付成本，从而使平台获得独特的市场竞争优势。

（四）商业模式合作

执御作为浙江省在中东从事跨境电商的领军平台，不仅从事跨境零售，还将商业模式拓展到沙特本地 O2O 服务领域。2019 年 11 月，执御与沙特当地医疗保健、美容护理和快消等领域的领军公司

① 《疫情下跨境电商龙头企业遭遇困境，执御 CEO 给供应商坦诚致信以求共渡难关》，雨果网，https：//www. cifnews. com/article/64501。

② 《执御深耕中东 7 年后，中东电商生态正在发生改变》，AMZ123，https：//www. amz123. com/thread － 347926. htm。

③ 《执御构建中东数字生态再传捷报——执御支付再获沙特支付牌照》，硅谷动力，http：//enet. com. cn/article/2019/1230/A201912301071280. html。

Tamer 集团成立合资公司①，利用这家公司线下网点多的优势，引入类似京东到家的新零售模式开展 Jollymart 业务，主营快消品和药品，目的是有效提高客户的消费频次。此外执御还是中东第一家开始进行网红营销、直播营销的电商。②

（五）人才培养合作

浙江省还与沙特联合培养电子商务人才。以深耕沙特市场多年的执御为例，该公司通过聘用沙特当地人为员工以及与当地高校合作培养管理培训生这两种途径与沙方合作进行电商人才培养。执御集团一直致力于沙特本地人才的引进和发展，目前沙特分公司的当地雇员数量一直占比较高。从 2019 年开始，执御沙特分公司启动沙特本地高校管理培训生计划，进一步吸纳和培养沙特本地电商人才。

第二节　浙江和沙特开展跨境电商合作的意义

在"一带一路"的框架下，沙特与浙江加强双方在能源、海港、贸易、电商、教育等领域的交流合作，成为共建"一带一路"的好伙伴。疫情期间以及后疫情时期，跨境电商合作对浙沙双方更具有重大的意义。

---

① 《执御与沙特 Tamer 集团成立合资公司》，美通社，https：//www. prnasia. com/story/264805 – 1. shtml。
② 《执御在海湾电商行业首启直播营销》，硅谷动力，http：//www. enet. com. cn/article/2019/1108/A201911081036530. html。

一　加速构建沙特当地数字贸易生态

在上述各层级各类型的合作谅解备忘录以及战略合作协议框架下，以执御、中基惠通等为代表的浙江省企业在沙特当地通过投资、合资等方式助力沙特加速构建包括电商平台、物流平台、支付平台、多元本地生活以及数字人才培育一体化在内的数字生态系统。执御是浙江乃至中国电商平台成功出海的典范，也是加速构建沙特数字生态的重要助推力之一，执御以"为客户带来优质生活，促进'一带一路'数字经济产业发展"为使命，以"构建'一带一路'数字经济生态"为愿景，在战略上兼顾国际视野和本地运营，把中国电商、数字生态的核心优势与沙特乃至中东的市场特色有机结合起来，形成了独具特色的 TIES 框架①：技术分享，积极促进数字经济相关技术、模式的本土化；投资举措，不断投入构建数字生态的基础设施；促进就业，有效拉动当地的数字经济产业就业；社会责任，多形式、多内容地为当地社会发展作出贡献。执御与沙特的业界、政府和社会等方面的交流与合作不断发展，在当地的关注度越来越高。

二　提高工作保障和改善沙特的民生水平

浙江省依托执御等相关跨境电商企业通过物资输送、就业提升、人员培训等多种方式提高工作保障和改善沙特的民生水平。

---

① 《浙江执御与沙特通信部建立战略伙伴关系　打造深耕沙特新增长点　树立领军业界新里程碑》，https：//baijiahao. baidu. com/s？id = 1649167527296 658399&wfr = spider&for = pc。

中沙建交以来，双边经贸合作实现了快速发展，中沙贸易互补性强，贸易潜力巨大，中国是沙特的第一大贸易伙伴。沙特的制造业在整个国家经济中只贡献了不到 10%，其中大部分为重工制造业，基本上所有的轻工产品都依赖进口。中国东南沿海省份（包括浙江）占有中国向沙特出口轻工产品 90% 的份额，以执御为代表的浙江企业通过深入服务沙特民众生活，丰富沙特民众的购物消费选择，获得了快速成长，对中沙在贸易、时尚文化、产业集群及人才发展等多方面的交流合作起到了促进作用。

提高沙特公民的就业率是沙特"愿景"中的重要组成部分。沙特欢迎外国投资者对其进行投资，尤其希望外国企业增加对沙特年轻人职业发展培训方面的投资，促进沙特本国劳动力市场持续健康发展，从而实现沙特经济结构的多元化和可持续发展。2018 年 9 月 6 日，在沙中资企业在首都利雅得举办大型招聘会，为沙特青年求职者提供就业机会。① 与此同时，执御集团通过聘用沙特本地员工和启动沙特本地高校管培生计划，进一步吸纳和培养本地电商人才，也为沙特劳动力市场创造了更多的就业机会。

三　促进浙江省内贸易产业转型升级

虽然目前欧美仍是浙江省跨境电商的主要出口市场，但随着中美贸易形势的不确定性增大，越来越多的企业开始拓展欧洲及共建"一带一路"方面的市场和国家，加快推进出口市场的多元化，形

---

① 《中资企业为沙特赴华留学毕业生举办招聘会》，搜狐网，https：//www. sohu. com/a/252322649_ 267106？ _ f = index_ pagerecom_ 39。

成以全球网络零售终端市场、自主品牌市场和中高端市场，逐步取代传统外贸中的中间市场、贴牌市场和中低端市场，从而优化市场结构，形成集渠道、品牌、定价权和供应链体系于一体的竞争新优势。浙江省内许多企业主要通过各地综合试验区深入实施的跨境电商各类支持政策（如不同层次的跨境电商知识培训）以及知名跨境电商平台（如阿里巴巴国际站和执御等跨境电商平台）来完成与沙特商家的交易合作，从而实现企业自身的优进优出和转型发展。①

四 助推数字经济"一号工程"目标实现

浙江省"实施数字经济'一号工程'的重点是全面推进经济的数字化转型，争创国家数字经济示范省"。执御作为浙江省重要的数字商品出口平台企业，积极践行"一带一路"建设，在中东地区自力更生，深入构建电商平台、物流平台和支付平台"三位一体"的数字生态系统，助推浙江省内5000多家中小企业出海中东，拉动数字就业等目标的实现，现在已处于跨境供应链、产业链的关键节点上，其目标就是成为世界级数字企业。完全符合浙江省数字经济"一号工程"的方向和要求，特别是与建设新型贸易中心、新兴金融中心，促进贸易数字化，提升中小制造业数字化水平等建设内容异常契合。②

---

① 《杭州跨境电商成为推动外贸转型升级新引擎》，杭州市人民政府门户网，http：//www.hangzhou.gov.cn/art/2019/7/28/art_ 812262_ 36158707. html。

② 《专题报道 | 浙江全面实施数字经济"一号工程"，争创国家数字经济示范省!》，搜狐网，https：//www.sohu.com/a/277442679_ 763670。

第三节　浙江和沙特跨境电商合作的机遇与挑战

新冠肺炎疫情期间，浙沙两地电商产业合作迎来了前所未有的机遇，但也面临多重风险与挑战。

一　浙江和沙特跨境电商合作的机遇

（一）沙特跨境电商市场发展潜力巨大

疫情前，沙特已经具备一定的发展电商的营商环境与基础条件，就营商环境而言，世界银行《2020 年营商环境报告》将沙特列为最先进、改革程度最高的国家，并且在商业环境改革成效方面位居世界首位。沙特在跨境贸易指数方面仅次于其创业指数，沙特的排名从 2019 年的第 158 位跃升至 2020 年的第 86 位，跃升了 72 位。[①] 就电子商务基础条件而言，沙特拥有基数庞大且可持续增长的线上购物用户群；是全球手机网速最快的十国之一；对国际进口商品的需求量较大，具有较强的购买能力，电商客户平均消费水平为 602 美元。据市场研究公司 yStats 的最新报道，沙特的网上零售额将超过阿联酋，成为中东最大的电商市场。[②]后疫情时期，沙特的电商市场基础将进一步夯实，疫情期间沙特民众对互联网的认知变得更全面，对线上购物的接受程度更高，

---

① 《"零售领袖峰会"在利雅得拉开帷幕，来自世界各地的 50 多名发言人参加了会议》，https：//www.al‐jazirah.com/2020/20200211/ln22.htm 2020。

② 《沙特网购市场调查：将成为中东最大电商市场》，亿邦动力，http：//www.ebrun.com/20180307/266934.shtml。

安永（Ernst & Young）的研究显示，根据 2019 年 5 月第一周的数据，海合会国家的转变最为明显，沙特 92% 的消费者改变了购物习惯，同时在支付方式上，由货到付款转向线上支付。

（二）中国产品受到沙特消费者的欢迎

浙江和沙特两地跨境电商合作的市场结构互补性强，无论是人均年收入较高的阿联酋、科威特等国家，还是人均年收入较低的伊朗、伊拉克等国家，它们的轻工、日用、电子产品基本依赖于进口，产品的价格普遍处于中低水平。中国作为世界轻工业大国，凭借物美价廉的电器、服装等产品在沙特市场占据绝对优势。2019年中国继续保持为沙特第一大贸易伙伴，中国从沙特主要进口产品为原油和石化产品；中国对沙特主要出口产品为机电产品、纺织品、日用品等。这与沙特政府调查的 2019 年网络零售最受欢迎的品类有电子产品、玩具、工艺品等结果保持一致。中国出口沙特的产品主要来自长三角地区，有利于浙江企业在对沙特的跨境电商出口贸易中规模做大做强。

（三）浙江和沙特电商合作的政策契合度高

浙江省的数字经济"一号工程"与沙特阿拉伯的经济转型计划和"愿景"的高度契合为浙沙两地在跨境电商领域的合作奠定了政策基础。沙特的经济转型计划和"愿景"明确指出，希望能够将 GDP 提升 40% 从而实现沙特 GDP 排名跻身全球前 15 的目标。鉴于沙特和中国市场的强互补性，沙特有与中国合作的强烈意愿。2017 年 3 月 18 日发布的《中华人民共和国和沙特阿拉伯王国联合声明》中，沙特方面明确表示愿意成为"一带一路"的"全球合作伙伴和西亚的重要一站"①。

电子商务是"一带一路"建设的重要组成部分，而浙江省是全国电子商务和跨境电商最为发达的地区，也是我国"丝路电商"建设的主力军。浙江省委省政府关于打造以数字贸易为标志的新型贸易中心，建设全球电子商务核心功能区和"21 世纪数字丝绸之路"战略门户的工作部署和要求，积极服务于"一带一路"共建，大力推进跨境电商发展，与沙特等中东国家的跨境电商合作大大提升了浙江省的跨境电商交易额。

二　浙江和沙特跨境电商合作的挑战

（一）浙江面向沙特的跨境电商合作主体比较单一

从浙沙合作特点的介绍中可以发现，虽然浙沙两地跨境电商合作的主体呈多元化（涵盖政府、行业协会和企业等）的特点，但搭建电商平台、物流平台和支付平台等实质性经营项目主要是由浙江省知名跨境电商企业执御主导进行。其他合作主体如政府各部门、行业协会在战略对接上的宣传要多于实际签署的项目，或者通过对执御等企业的项目支持来实现与沙特的跨境电商合作。从实际情况来看，代表浙江与沙特进行跨境电商合作的企业比较少。合作主体单一会给浙沙两地在跨境电商项目中的长久合作带来一定的风险，双方的合作进程会受到主导企业（比如执御）的内部管理能力、竞争对手的阻碍、政治环境变化以及疫情等一系列不确定因素

---

① 《中华人民共和国和沙特阿拉伯王国联合声明（全文）》，新华网，http：//www.xinhuanet.com/world/2017 - 03/18/c_ 1120651415.htm。

的影响而停滞。

（二）浙江面向沙特的跨境电商项目本地化难度大

浙江与沙特在跨境电商领域能否深度合作，很大程度上取决于合作项目能否本地化。执御 CEO 李海燕就曾提到"跨境电商是一个过渡的阶段，最终还会本地化。跨境只能满足'多'的需求，体验不好，只能起到补充的作用。要成为主流就得本地化，所以所有的跨境电商如果一直是跨境，就会被淘汰"。浙江在沙特的跨境电商项目在力求本地化的过程中，需要与本地公司联合进行项目运作，需要有本地资金的注入，需要得到本地消费者的认可。这就需要浙江的政府和企业增进与沙特官方和民众之间的相互了解，也需要更多像执御这样的企业深入当地挖掘项目。然而中国和沙特之间存在文化传统、交易习惯等方面的客观差异，会影响双方民众对彼此认知上的了解，从而增加了合作成本，抑制了合作深度，甚至会给跨国投资和贸易合作带来风险，增加中方企业在沙特进行本地化经营的难度。

（三）浙江和沙特电商合作面临沙方政局不稳的难题

虽然沙特的经济转型计划和"愿景"与中国"一带一路"建设以及浙江省的数字经济"一号工程"非常契合，但"愿景"能否实现还受到沙方国内外诸多因素的干扰。①宗教势力的阻挠：沙特的宗教势力渗透于国家事务的方方面面，如若得不到宗教界的支持，重大决策基本无法实现。②政治体制的挑战："愿景"中提及的改革内容会损害改革执行部门中部分人群的既得利益，这部分人的反对将使改革内容无法顺利实现。③人才结构失衡以及民众参与工作效率低下也是"愿景"实现的一大障碍。

（四）浙江和沙特电商合作面临国际形势多变的冲击

首先，逆全球化思潮对浙沙两地跨境电商合作带来了不利影响。美国政府阻挠、英国脱欧等事件加剧了投资者对贸易保护主义的担忧，全球投资者信心已降至过去 10 年来平均水平之下。全球经济增长普遍放缓，2019 年全球经济增速为 3% 左右，比 2018 年降低 0.6 个百分点，为 2008 年国际金融危机以来的最低点。全球贸易增速缓慢，难以发挥拉动全球经济增长的作用，以世贸组织规则为基础的多边贸易体制正面临前所未有的挑战。其次，沙特面临的国际环境不容乐观，伊朗问题、叙利亚问题、也门问题、沙美关系问题都会影响沙特"愿景"的实施，最终会影响到浙沙两地跨境电商项目的合作。再加上新冠肺炎疫情在全球的持续蔓延，使得正常的生产、经营、流通、贸易、消费等活动受到阻碍，由此浙江和沙特在电商领域的合作环境更加复杂多变，增加了双方的合作难度。

第四节　浙江推进与沙特在跨境电商
领域合作的对策

一　大力培育面向沙特地区的跨境出口主体

在浙江拓展沙特跨境电商市场的过程中，政府要大力培育多类型跨境电商企业拓展沙特市场，以破解浙江政府出海沙特时遇到的经营主体比较单一的这一难题。①政府应推动传统外贸企业和制造企业数字化转型，鼓励其通过跨境电商渠道包括构建独立站和第三方跨境电商平台开展对沙营销活动。②引导和支持省内有意向的企业通过独资创办、与沙特境内企业合资创办以及直接并购或者入股等方式实现跨境电商平台的多元化，包括构建不同层次和不同类型的消费类跨境电商平台和工业电子商务平台，为浙江拓展沙特电商市场奠定渠道基础。③扶持物流、支付等跨境电商服务类企业出海沙特，为沙特的数字基建提供服务，也为国内卖家和平台企业做好相关的配套服务。④鼓励银行、证券公司和会计师事务所为各类型跨境电商企业出海沙特提供融资、跨境支付、跨境保险、跨境财税等综合金融服务。

二　加强面向沙特地区的进出口供应链建设

在新冠肺炎疫情仍在全球蔓延、世界经济低迷的大背景下，加强进出口供应链建设是支持浙江省跨境电商企业拓展沙特市场的关键。①政府部门通过整合省内各地跨境电商产业集群基础以及依托义乌小商品市场优势，为各类型跨境卖家打造自主品牌和出海沙特的完整供应链、产业链。②利用浙江自贸区扩容的机会，联动发挥各片区优势，发挥国际航运和物流枢纽的作用，进一步增加浙江和沙特的海陆空航线。③发挥大数据在稳定供应链中的作用。挖掘大数据价值，实现政务数据跨部门、跨层级、跨领域共享，促进部门间政务服务相互衔接和协同联动，从而更好地解决跨境电商供应链不稳定的问题。如通过税收大数据，对供应链的节点企业进行细化分析，找出企业遇到的供求信息不畅等"堵点"，精准帮扶面向沙特的浙江上下游企业，实现产销对接、稳定供应链的目的。

三　为跨境企业拓展沙特市场提供公共服务

积极发挥省内跨境电商相关部门（综合试验区、自贸区以及电子商务促进会、商务局等部门）与沙特电商相关部门（投资总局、邮政、通信和信息技术部、物流服务中心）之间的对接和协同作用。①举办直接连接浙江和沙特的跨境电商线上线下展会、数字贸易平台推介会等，进一步扩大浙江省内企业在沙特的影响力。②召开跨境电商专题会议、政企对话会等促进浙江与沙特政府间、行业组织间、企业间的多层次电子商务交流与合作，在通关、产品标准、电子支付、人才培养、专线物流、数据中心建设等领域进行沟通交流与合作，为跨境电商企业在沙特当地发展创造良好的环境。③鼓励两地民间交流和文化交往，如持续发挥浙江媒体在沙特的影响力，助力浙江和沙特两地实现民心互通。④鼓励跨境电商研究机构开展全球复杂多变形势下的国别和区域研究，提供关于境外细分市场的相关信息、资讯、政府政策、法律法规等研究服务，为企业出口产品的选择、国际市场的多元化布局、在全球范围内调整和优化供应链等提供支持。

四　为跨境企业拓展沙特市场搭建平台载体

①打造境外跨境电商产业园。政府可鼓励企业等市场主体在沙特投资建设或者与沙特政府及企业合资建设跨境电商产业园，如综合类和专业类产业园，园区内集聚浙沙两地跨境电商品牌企业、跨境电商平台企业、物流企业、各类传统零售企业、金融机构以及其他增值服务商，发挥产业集聚效应，以方便省内企业最大化开发利

用沙特当地的一些资源，开展本地化运营，同时助力沙特的电商市场发展。②推动沙特海外仓的建设。鼓励企业加大在沙特的海外仓基础设施建设力度，打造"海外仓＋独立站"跨境电商升级版，并鼓励海外仓自营企业转向公共仓服务模式，为跨境电商出口企业提升供应链服务。③打造面向沙特的跨境电商人才载体。进一步支持省内院校进行跨境电商专业、行业学院等跨境电商方向的建设，通过引企入校以及企业班的形式有针对性地培养适合拓展沙特市场的跨境电商人才。

第六章　浙江参与沙特产业园发展研究

李少祥　康雨莎

第一节　沙特产业园发展概况

2016 年 4 月 25 日，沙特通过"愿景"战略规划，旨在实现以"充满活力的社会、繁荣发展的经济和充满抱负的国家"为主题的三个既定目标。依据"愿景"内容，沙特将通过改善营商环境、振兴经济城、建立经济特区等一系列举措，以期实现第二个目标"繁荣发展的经济"，从而达到"去石油化和经济多样化"的终极发展目标。

关于"振兴经济城"，沙特政府在"愿景"中称："过去十年中，经济城没有发挥其应有的作用。一些经济城的发展进入停滞，另一些则面临严峻的生存挑战。"并称："沙特政府将努力振兴其他经济城，尤其是具备竞争优势的经济城，还将与经济城的企业展开合作，进行旧城设施的翻修和升级。"

沙特产业园区的建设始于 20 世纪 70 年代。自 20 世纪 70 年代以来，沙特开始奉行自由经济政策。先前，沙特得益于石油资源的开采以及当时国际原油市场价格的飞涨，积累了大量的石油财富，但国家政策制定者很早便意识到国家对石油的高度依赖，开始初步探索经济多元化转型路径。产业园作为一种基于知识经济的产业集聚，能够提升经济活动质量、丰富产业类型、吸引国内外投资。沙特政府整合其已有的资源和利用区位优势，将产业园区建设与城市化进程相结合，兴建产业城（或称为"经济城"）。1970 年，沙特第一个国家五年发展计划（1970～1974 年）开始实施，1971 年，沙特第一座工业城——吉达第一工业城开始兴建。截至 2020 年，沙特共开发有 41 座工业城。

目前，沙特负责主管产业园建设的部门共有 3 个，分别是工业产权局、朱拜勒和延布皇家委员会以及经济城和特区管理局。

工业产权局成立于 2001 年 11 月 14 日，负责沙特国内工业用地的开发和监管。目前负责 35 个工业城（如表 6 - 1、6 - 2、6 - 3 所示）的开发和监管，其中约 50% 已对外出租。截至 2019 年，35 个工业城已建成 3600 个生产工厂；其中，沙特国籍男性工人达 184000 人，沙特国籍女性工人达 16825 人；产业和投资合同几千项，服务设施达 1264 个，颁发运营证书达 1990 份。

表 6 - 1　1971～1978 年工业产权局开发的工业城

序号	工业城	时间	位置	签署合同（个）
1	吉达第一工业城	1971	吉达南部	1059
2	利雅得第一工业城	1973	利雅得市中心	64

续表

序号	工业城	时间	位置	签署合同（个）
3	达曼第一工业城	1973	达曼东南部	170
4	利雅得第二工业城	1976	利雅得南部	1119
5	达曼第二工业城	1978	宰赫兰西部	1056

资料来源：沙特工业产权局。

表 6 - 2　1980 ~ 1985 年工业产权局开发的工业城

序号	工业城	时间	位置	签署合同（个）
1	盖西姆第一工业城	1980	盖西姆	142
2	哈萨第一工业城	1981	哈萨北部	144
3	麦加工业城	1985	麦加北部	74

资料来源：沙特工业产权局。

表 6 - 3　1990 ~ 2015 年工业产权局开发的工业城

序号	工业城	时间	位置	签署合同（个）
1	阿西尔工业城	1990	阿西尔西北部	157
2	麦地那工业城	2003	麦地那西南部	243
3	塔布克工业城	2003	塔布克东北部	73
4	奈季兰工业城	2003	奈季兰东北部	30
5	达尔曼工业城	2003	利雅得西部	16
6	哈伊勒工业城	2003	哈伊勒西部	96
7	焦夫城市绿洲	2003	塞卡凯西南部	不详
8	吉达第二工业城	2009	吉达南部	275
9	萨达尔工业城	2009	距利雅得市150 千米	293
10	哈尔吉工业城	2009	哈尔吉西南部	375
11	奈季兰工业城	2009	奈季兰近也门边境	53
12	阿尔阿尔工业城	2009	阿尔阿尔东北部	7

序号	工业城	时间	位置	签署合同（个）
13	吉赞工业城	2009	吉赞东部	53
14	祖勒菲工业城	2010	祖勒菲市东南部	8
15	利雅得第三工业城	2010	利雅得南部	15
16	哈费尔巴廷工业城	2011	哈费尔巴廷东南部	11
17	舍格拉工业城	2011	舍格拉西南部	27
18	吉达第三工业城	2012	吉达南部	539
19	达曼第三工业城	2012	宰赫兰南部	176
20	盖西姆第二工业城	2012	盖西姆	31
21	巴哈工业城	2012	巴哈北部	20
22	瓦阿德什迈尔工业城	2012	图赖夫东部，靠近约旦边界	5
23	盖西姆城市绿洲	2012	距盖西姆第一工业城3千米	31
24	哈萨第二工业城——塞勒瓦	2013	距塞勒瓦北部50千米	15
25	哈萨城市绿洲	2013	胡富夫南部	9
26	延布城市绿洲	2014	延布中北部	不详
27	拉比格工业城	2015	拉比格南部	不详

资料来源：沙特工业产权局。

朱拜勒和延布皇家委员会（Royal Commission for Jubail & Yanbu）是沙特最具经济和政治实力的园区开发管理机构之一，监管沙特2/3的产业投资和沙特四个世界级工业城，总管辖面积达1890平方千米，其中沙特十大油田中，六个油田隶属于皇家委员会的管辖范围。1975年10月，沙特发布第75号皇家法令，宣布建立朱拜勒和延布皇家委员会，负责建设朱拜勒（Jubail）和延布

（Yanbu）工业城，并享有独立的财政与行政权力。2009 年和 2015
年，沙特又委任该委员会负责主管拉什阿卡（Ras Alkhair）工业
城、吉赞经济城（Jazan Economic City）的建设与运营（见
表 6 - 4）。其主要目标包括扩大工业基地，吸引新投资，促进金融
可持续发展，提高金融效率。

表 6 - 4　朱拜勒和延布皇家委员会管辖的四大工业城

工业城	开发时间	地理区位	目标产业
朱拜勒工业城	1977	达曼以北	大型石化工业城
延布工业城	1977	麦地那西南方向,红海之滨	综合性工业城
拉什阿卡工业城	2009	朱拜勒西北方向 60 千米	金属与矿业城
吉赞经济城(吉赞基础及下游产业城)	2015	吉赞城以北 66 千米	重工业、石化业、采矿业及下游产业

资料来源：朱拜勒和延布皇家委员会。

经济城和特区管理局（Economic Cities and Special Zones
Authority）成立于 2010 年 2 月 24 日。沙特发布第 A9 号皇家法令，
宣布成立经济城管理局，负责全面监管经济城建设，以实现本国资
本本土化和吸引外资的目标，服务于国家未来的发展计划。2018
年 12 月 10 日，经济城管理局更名为"经济城和特区管理局"。该
机构主要目标是建立可持续、能够吸引外资、具备全球竞争力的经
济特区。目前，该机构主要负责监管阿卜杜拉国王经济城
（KAEC）以及知识经济城（Knowledge Economic City）的建设，同
时也是知识经济城建设的唯一监管机构。

阿卜杜拉国王经济城地理位置优越，位于红海之滨、吉达

（沙特第二大城市）以北 80 千米，介于两大圣城（麦加和麦地那）之间。重在发展物流业、工业、旅游业、休闲娱乐产业以及商业等。当前，该城已开展项目有阿卜杜拉国王港、哈拉曼高铁站、工业谷、中央商务区、王子穆罕默德·本·萨勒曼学院（MBSC）等。知识经济城位于麦地那，重点发展教育、酒店、旅游、住房、卫生保健、商业等，服务于朝觐产业需求。

第二节　中国参与沙特产业园建设现状

一　中沙合作建设产业园的背景

2013 年，中国提出"一带一路"倡议，致力于建立和加强沿线各国互联互通的伙伴关系，推动沿线各国发展战略的对接，发挥区域内市场的潜力，拓展发展新空间，打造增长新动力，鼓励企业"走出去"，实现产能输出，为促进国家战略实施和经济持续健康发展贡献更大的力量。海外产业园作为能够拓展中方企业沿线市场的理想平台，能够落实共商共建共享原则的重要路径，我国在海外的产业园建设也进入快速发展阶段。据统计，我国企业在"一带一路"沿线国家建设的境外经贸合作区，已累计投资 340 亿美元，上缴东道国税费超过 30 亿美元，为当地创造就业岗位 32 万个。

沙特作为西亚北非地区最大的经济体，地处亚非欧三大洲的交叉地带，是中国构建"中国—中亚—西亚经济走廊"的重要站点。2015 年 6 月 29 日，沙特成为中东地区第一批参与出资亚洲基础设施投资银行的国家之一。2016 年 1 月，中沙建立全面战略伙伴关系，经贸交流合作不断深化，沙特已经成为中国在西亚北非地区最大的贸易伙伴国、最重要的海外原油供应国和最具发展潜力的承包工程市场。

2019 年，中沙双边贸易额达到 781.8 亿美元，同比增长 23.29%，创中沙双边贸易额历史新高。其中，中国自沙特进口贸易额 542.6 亿美元，同比增长 18.23%，主要进口产品为原油以及塑料橡胶等下游化工材料，全年进口额达 1.8 亿美元；中国对沙特出口额 239.2 亿美元，同比增长 36.54%，主要出口产品为机电及电子设备、家具、纺织品、汽车以及钢铁及其制品等。[①] 中国对沙特贸易逆差额为 303.4 亿美元，同比小幅增长 6.9%。当前，共有超过 150 家中资企业在沙特完成登记备案，主营业务涵盖工程承包、贸易物流、通信服务、工业投资等方面，并开始向金融服务等高端领域拓展。

于中国而言，沙特是共建"一带一路"的重要节点国家，辐射西亚北非地区，其经济转型所急需的产业正是中国的优势领域，而中沙产能合作对于中国经济转型、化解过剩产能和提质增效也有着积极的作用，同时也会促进新一轮高水平对外开放，为中国"走出去"增添新动能。于沙特而言，中国高质量的产能输出有利于沙特实现"愿景"，发展非石油产业和私营经济，提高就业率，促进基础设施建设和发展。在此背景下，中方积极协助沙特建设基础工业城。2016 年 1 月 20 日，中国石化首个海外炼

---

① 中华人民共和国商务部，http：//sa. mofcom. gov. cn/article/202003/2020030 2941346. shtml。

化项目——延布炼厂项目正式投产启动；2018 年 11 月，中国电建集团与沙特签署合同金额高达约 30 亿美元的港务设施项目；2019 年 2 月 25 日，中国石油天然气集团有限公司首次获得沙特阿美石油公司的科研合作类项目"智能化钻井技术研究与应用"，并与之正式签署合同；2019 年，中国铁建国际集团再次承担朝觐运营任务，6 月 6 日沙特麦加轻轨 2019 年朝觐前的试运营工作正式展开。

二 中沙合作建设产业园的典范——"中国－沙特吉赞产业园"项目

2016 年，中国－沙特吉赞产业园①被纳入国家发改委重点推动建设的 20 个国际产能合作示范区，成为我国对阿拉伯国家开展国际产能合作的重点项目，也是我国境外产业园区建设上升到国家高度的典型范例。

2015 年 7 月 18 日，沙特阿美石油公司亚洲区分公司（总部位于北京）正式向中国提出了参与"一带一路"建设，双方共建工业园的意愿。2016 年 1 月 19 日，在中国习近平主席和沙特萨勒曼国王的共同见证下，广州开发区工业发展集团有限公司（现广州高新区投资集团有限公司）、银川育成投资有限公司和沙特阿美石油公司签署战略合作谅解备忘录，商定三方组建合资公司合作建设"中国－沙特吉赞经济城"产能合作项目。2016 年 8 月，中沙双方在北京签署成立合资公司框架协议。2017 年 8 月，在张高丽副总

---

① 该产业园位于沙特吉赞经济城内。

理和沙特王储的共同见证下，中沙合资公司股东协议签订。2019
年，沙特阿美石油公司在上海举行发布会，正式宣布将与中国共同
建设吉赞经济城。

（1）项目位置：位于沙特南部的港口城市吉赞市。吉赞西邻
红海，是连接欧洲、东非和亚洲的重要海上通道，其中海岸线长度
约 11 千米，可辐射带动非洲、欧洲经济市场。在 4 小时的飞行时
间内，可由吉赞市到达土耳其的伊斯坦布尔、印度的新德里、摩洛
哥的卡萨布兰卡及肯尼亚的奈洛比，覆盖 15 亿人口，市场远景
广阔。

（2）项目监管机构：由沙特丝路产业服务有限公司负责监管，
主要为投资者提供服务，如选址、合作对接、维护政府关系、市场
推广、融资、产品助销等。其中，沙特朱拜勒和延布皇家委员会控
股 20%，沙特阿美石油公司控股 20%，中国的广银国际投资发展
有限公司控股 60%。

（3）项目发展领域：重点打造六类产业集群，发展机电装备、
重工业、耐用消费品、汽车、食品加工和医药、园区配套包装等其
他产业。

目前经济城主要以轻资产运营为主，不进行重资产投资。尽管
重资产投资企业在沙特市场占比很大，且可享有诸多优惠政策，如
沙特工业发展基金可向项目提供总投资额 50% ～ 75% 的贷款，且
年息不超过 3% 并免除经营手续费，但由于重资产行业投资成本
高，收益期较长，目前经济城仍重点发展轻资产运营。

（4）项目规划：项目占地总面积达 106 平方千米。其中，炼
厂及管理委员会占地 15.2 平方千米，港口占地 4.3 平方千米，工

业园区占地 70 平方千米等。政府预计投资 110 亿里亚尔（约 29.3 亿美元）开发建设。经济城初步划分为港口及炼油厂区、重工业区、轻工业区、物流区、居住区及预留用地，工业用地约占 70%、居住用地约占 20%、商业和物流用地约占 10%（见图 6-1）。

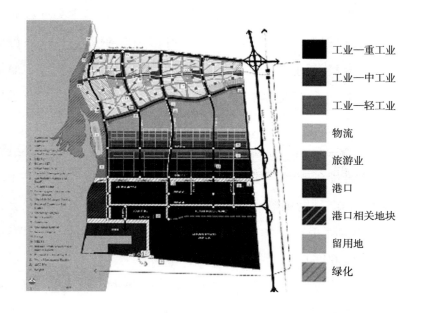

图 6-1 中国 - 沙特吉赞产业园项目用地规划

资料来源：笔者根据网络资料制作而成。

（5）项目现有产业布局：目前，重工业区已入驻沙特阿美石油公司、广州泛亚聚酯有限公司等（见图 6-2）。沙特阿美石油公司在吉赞经济城年产量 2000 万吨（日产量 40 万桶）石油的炼油厂已投入运行，是沙特十大炼厂之一。2016 年 11 月，广州泛亚聚酯有限公司与沙特能源部签署合作备忘录，计划分三期建设石油化工化纤一体化项目，主要产品包括 PTA、PET 和下游化纤产品。2017 年 7 月，广州泛亚聚酯有限公司获得沙特投资总局颁发的工业投资许可证书，成为沙特第一家外商独资石化项目的公司。

图 6－2　中国－沙特吉赞产业园现有产业布局

资料来源：笔者根据网络资料制作而成。

第三节　中国企业在中沙合作建设产业园中的机遇

一　沙特优化产业园布局的客观需求

目前沙特全产业链尚不完备。沙特境内除去石油化工及相关产业发展较为成熟外，在电力工业、农业、服务业、交通运输业及其他制造业方面发展水平相对落后。受自身产业结构单一的局限，沙特各行业企业数量不多、种类单一，沙特产业园的空间形式仍以资源要素和经济要素为主，产业用地利用率偏低，空间浪费现象严重,从而导致沙特产业园对调整沙特产业结构、优化产业布局方面的作用较低。

二 沙特投资环境不断优化

沙特营商环境持续优化。世界银行《2020 年营商环境报告》显示,沙特的全球营商便利度在 190 个经济体中位列第 62,较去年跃升了 30 位,成为 2020 年世界银行 190 个评估对象中发展最快的经济体(见图 6 – 3)。

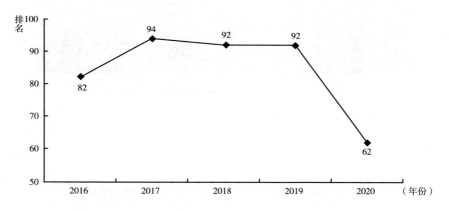

图 6 – 3 2016～2020 年沙特营商便利度排名变化

资料来源:世界银行《2020 年营商环境报告》。

近年来,沙特实施了一系列旨在改善营商环境、增强竞争力的改革举措。譬如,推出梅拉斯(Meras)政府在线服务平台,持续简化外商投资许可手续;放宽外国战略投资者持股 49% 限制;大幅降低工厂用工的居住证办理费用;研究放宽"人头费"为外资松绑,推出"特殊居住证"吸引高净值人群;修订出台《竞争法》和《破产法》等法规;持续加大反腐力度,不断开放资本市场等。

在《营商环境报告》的十项指标中，沙特在开办企业、获得电力、财产登记、保护中小投资者、纳税、跨境贸易、执行合同七项指标上进步显著，成为营商环境改善最为明显的经济体。未来沙特将继续凭借其有利的地理位置、开放的投资政策、较低的经商成本和专业的管理服务吸引更多的外商投资（见图6－4）。

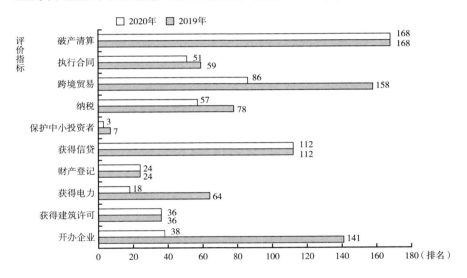

图 6－4 2019～2020 年沙特营商环境便利度各指标变化

资料来源：世界银行《2020 年营商环境报告》。

区位优势：沙特地处亚非欧三大洲的交通要道，战略区位优势明显，辐射市场广。且沙特与 29 个国家或地区签署了避免双重征收所得税和资本税的双边协议，并与 23 个国家或地区签署了旨在促进和保护缔约国企业在对方境内投资的协议。

政策优势。（1）投资政策：沙特政府在全国范围内划分多个外商投资优惠区域，41 个工业城全部覆盖在内。沙特现行的是 2000 年新颁布的《外商投资法》，该法极大简化了外国投资者办理投资许可的程序，投资项目审批流程极为便利：投资总局必须在收到投资申请文件原件的 30 日内告知投资申请人结果，如申请人对申请批准持有异议，可在收到通知的 30 日内向投资总局申诉，投资总局需在 30 日内复议并做出决议。沙特还为外国投资商提供一系列优惠政策：在公司所有权结构上，沙特允许外国投资者设立独资企业；在房地产购买方面，允许外国投资者购买房地产，允许为经营活动和雇员提供场地和住所；在担保人资格方面，批准外国投资者本人担任其申请设立企业中雇用的外籍员工担保人。沙特也加大了对外国投资者的金融、财政扶持力度：政府可提供电、水、天然气等资源，提供能源和公共事业补贴；向能够促进沙特经济增长和经济独立的研发项目给予金融激励。（2）税收政策：沙特对外资企业征收 20% 的公司所得税；2018 年 1 月，征收 5% 的固定增值税，无个人所得税、销售税、土地税和财产税；进口原材料经加工后以成品出口时可享受关税退税等激励优惠政策。

经营成本优势：劳动力成本低。沙特本土劳动力再培训成本低，目前沙特有全球技术领先的石化工业，技术成本相对较低。此外，沙特人力资源发展基金可为沙特人培训和就业提供两年的财政支持，若产业未来落户吉赞经济城，则可享受政府提供的税收抵免政策，即 10 年内，政府可为沙特籍工作人员的工资和培训成本提供最高 50% 的税收抵免政策，从而降低了企业劳动力成本。沙特工业园开发成本较低，政府对经济城提供低成本土地租赁。沙特电费成本为 0.32 元/度，柴油 0.6 元/升，重油为 300 元/吨，水费为 12 元/吨。

管理优势：除工业产权局、朱拜勒和延布皇家委员会以及经济城和特区管理局三个负责工业城开发和监管的主管部门外，沙特还设有多个主管部门提供专业服务，如负责协助投资者在沙特国内进行投资，颁发相关许可证的沙特投资总局；可提供融资服务的沙特工业发展基金、公共投资基金、沙特阿拉伯工业投资公司等；主管沙特非石油出口事务的沙特出口发展局；支持沙特人才培训和发展的沙特人力资源发展基金等。

第四节　浙江企业参与沙特产业园建设的路径设计

一　轻重工业并行，全方位布局

沙特的产业缺口与浙江的产业优势高度契合。沙特明确鼓励外商投资石化、发电业等以能源为基础的产业，投资包括航空、铁路、公路、港口在内的运输行业，以及投资通信产业、医疗卫生产业、生命科学产业等。

而浙江现已形成"三二一"的高端化产业结构，成功实现了由劳动或资源密集型产业向资本或技术密集型产业的经济转轨，开始了以知识经济为主要驱动力的新阶段（见图6-5、图6-6）。

浙江省第二产业经历了由初级加工工业和零部件装配工业，到重化工业，再到高知识、高技术与高附加值的新兴工业的结构优化过程；第三产业经历了由劳动密集型产业向多样化与专业化协作，再到以信息化、咨询和科技产业为主的新业态。这样的产业结构演进使浙江具备了完整的产业链和齐全的配套产业，具备与沙特开展基础产业及其下游产业、高科技产业等不同产业合作的实力。因此，浙江企业参与沙特产业园建设时可实行全方位布局，轻重工业并行，实现双方合作领域的多元化。

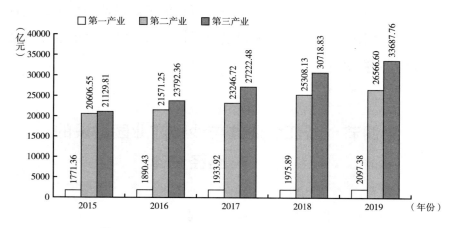

图 6－5　2015～2019 年浙江省三大产业生产总值

资料来源：浙江省统计局。

二　依托中沙吉赞经济城项目

浙江企业可直接依托中沙吉赞经济城项目，通过直接参股、入股广银国际投资发展有限公司的方式，直接参与产业园运营管理，开展产业园建设。吉赞经济城选址吉赞，有助于开拓沙特市场，从而进入非洲、欧洲市场。浙江企业也可依托浙江省著名产业，根据中沙吉赞经济城项目产业布局所需，间接参与园区建设，还可获得我国"两国双园"政策的财政补贴。

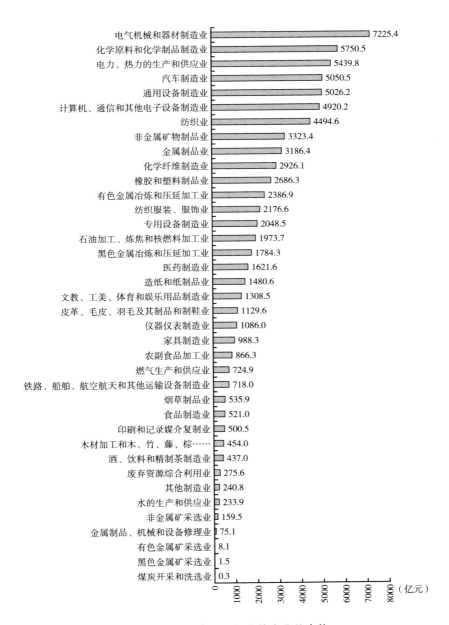

图 6 − 6　浙江省不同行业的企业总产值

资料来源：浙江省统计局。

三 健全参与保障体系

中国企业普遍忽视建立企业信誉机制，浙江企业在参与沙特产业园建设时应建立完善的信保依托机制。一方面，浙江政府需要建立配套的金融信保体系，为中小企业提供信用担保，以使其更好地享受沙特各项优惠政策，减少在沙运营成本。另一方面，浙江企业也可依托中国出口信用保险公司，利用这一机构提供的包括政治风险、商业风险在内的信用风险保障产品，或利用中国进出口银行等政策性银行提供的商业担保服务，规避由不可抗力因素造成的经济损失。

浙江企业负责人和员工需增强法律意识，实现真正地知法、用法、守法经营。在不触碰沙特当地法律的同时，合理运用当地法律寻求企业发展新思路。

第七章　浙江和沙特双向投资研究

张睿亮

浙江省是中国改革开放的先行地，也是中国民营经济的重要先发地。浙江山地、丘陵面积占全省面积的 70% 以上，因此浙江企业发展过程中一直保持"走出去"到省外甚至国外投资兴业的传统。由此，浙江省 GDP 不足以衡量浙江省的全部经济活动，其 GNP 水平明显超越GDP。

沙特是西亚北非地区最大的经济体，它的投资环境良好，实行自由贸易和低关税政策，没有外汇管制和贸易壁垒。沙特政府为实现"愿景"还出台了多项政策大力鼓励外商投资。

中沙两国经济互补性强，合作潜力巨大，发展前景广阔。两国在"一带一路"建设与沙特"愿景"战略上加强对接，随着中国"一带一路"建设的推进，沙特成为中资企业"走出去"的理想市场之一，也是中资企业开拓中东市场的主要窗口。目前，中沙两国企业在双边贸易、投资、科技、产能、基础设施建设等领域的交流与合作与日俱增，两国企业在能源、工程承包、通信、金融等领域的合作不断向纵深发展，务实合作水平不断提高。

第一节　浙江和沙特对外投资基本情况

一　浙江省经济特色和对外投资基本情况

浙江省民营经济非常发达并占主导地位，民营经济提升了浙江的市场繁荣度，经济私有化水平较高，占全省国民生产总值的72%。浙江省的民营经济不但在省内创造了大量的财富，而且广泛投资省外、海外，创造出几乎与浙江本省等值的价值。

（一）浙江省民营经济占主体地位

改革开放40多年来，浙江省从资源小省已经发展成为全国经济最发达、居民最富庶的经济强省之一。浙江省是以民营经济为主体的经济结构，民营资本占整个经济的60%之多。引领浙江省发展的总纲领"八八战略"第一条提出：进一步发挥浙江的体制机制优势，大力推动以公有制为主体的多种所有制经济共同发展，不断完善社会主义市场经济体制。

2020年前三个季度，浙江省国内生产总值达45826亿元，前三个季度明显的V形复苏曲线证明浙江省以民营经济为主体的市场经济体制保持着强劲的竞争力。2020年，浙江省外贸增速逐季回升。前三个季度，浙江省实现进出口总额2.44万亿元，同比增长8.6%。其中，出口1.81万亿元，同比增长7.5%；进口0.63万亿元，同比增长12.1%。民营经济继续在浙江省外贸中发挥着关键作用。前三个季度，浙江全省民营企业出口额为 1.49 万亿元，增长 11.0%，进口额为 3567.3 亿元，增长 17.4%，分别占全省比重达到 82.3% 和 56.6%。

从产品结构分析，浙江的高新技术产品出口继续快速增长，自 2020 年 3 月以来已连续 7 个月保持两位数增长。新兴产业也为浙江外贸增长带来蓬勃动力。2020 年前三个季度，全省通过海关跨境电商管理平台进出口总额为 306.7 亿元，其中出口额为 27.1 亿元，进口额为 279.6 亿元，分别同比增长 37.2%、97% 和 33.3%。

（二）浙江省对外投资基本情况

2010 年，浙江省非金融类对外直接投资流量为 26.8 亿美元，位居全国之首。2019 年，浙江省非金融类对外直接投资流量达 89.5 亿美元，总体呈上升趋势。值得一提的是，2017 年，浙江省非金融类对外直接投资存量高达 983.9 亿美元，为近年之最（见图 7－1、7－2）。

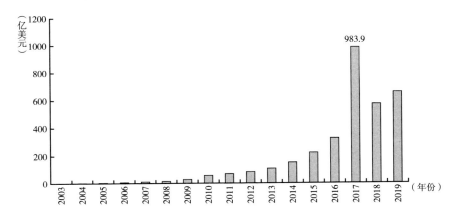

图 7－1　2003～2019 年浙江省非金融类对外直接投资存量

资料来源：WIND，笔者制图。

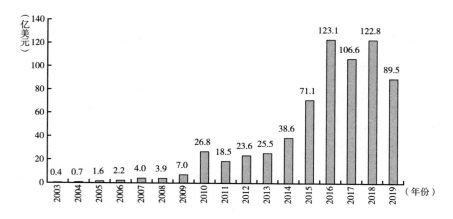

图7-2 2003～2019年浙江省非金融类对外直接投资流量

资料来源：WIND，笔者制图。

浙江省对外直接投资的主体包括国有贸易企业、民营企业及产业集群企业。浙江省国有贸易企业长期以来与国家政策高度同步，积极响应"一带一路"建设，依托于对外投资领域的自身资源优势、影响力和丰富的经验，充当着浙江省对外投资领头羊的角色。

浙江省民营企业具有体量小、生产灵活和创新性高的优势，以多元化的形式拓展海外市场，并利用国外优质资源进一步扩大自身的竞争力，同时呈现出向高新技术产业转型的趋势。工商管理部门的登记注册情况显示，超过半数的浙江对外直接投资企业为中小企业，因此在民营企业发达的浙江省，中小企业是对外投资的主力军。

浙江省产业集群是本省乃至整个长三角经济区区域经济的高级形态，产业集群主要由中小型民营企业构成，呈现出明显的地域特色和专业分工特点，比如义乌小商品产业、温州皮革产业、绍兴纺织产业等。产业集群既充分发挥了区域经济、规模经济的优势，又凭借其构成主体——中小企业的灵活性、多样性，而得以适应海外复杂的投资环境，降低了企业对外投资的风险，扩大了企业对外投资的优势。

（三）浙江省吸引外资基本情况

2020年前三个季度，浙江省实际使用外资120亿美元，同比增长9.3%，增速高于全国6.8个百分点，规模居全国第4，占全国总额的11.6%，同比提高0.7个百分点。欧美主要发达国家对浙江省投资保持较快增长态势。2020年1~8月，来自美国、英国、德国的实际外资投入高速增长，增速分别达103.4%、115.5%、42.8%，逐渐显现出浙江省对发达国家高质量外资的吸引力。2020年1~8月，浙江省实际到资3000万美元以上的项目达76个，合计金额57.3亿美元，同比增长20.3%，拉动全省外资增长9.7个百分点。

浙江省的实际利用外商直接投资每年（除2019年外）都以一定的速率持续增长，利用外商直接投资的增长速度远远高于全国平均水平（见图7-3、7-4）。

其中，投资金额所占比例较大的有中国香港、中国台湾、新加坡、美国、日本、维尔京群岛等国家和地区。在浙江省的外商直接投资来源地分布不均，投资主体偏于单一化。2018年，中国香港在浙投资项目超过100个，实际投资128亿美元，占外商在浙江省总投资的67%。来自发达国家的投资金额占比较小，加拿大、意大利等国家在浙江省投资项目虽达到50多个，但实际投资金额却只有几千万美元。

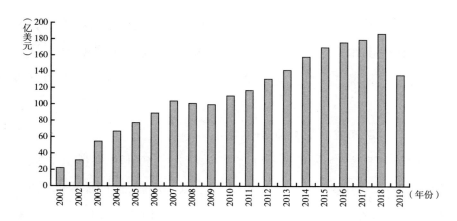

图 7 - 3　2001 ~ 2019 年浙江省实际利用外商直接投资额

资料来源：WIND，笔者制图。

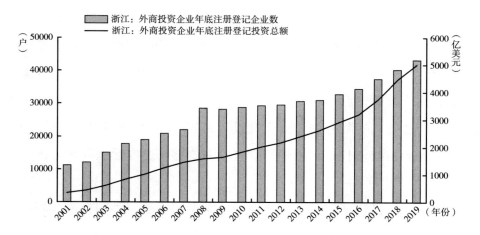

图 7 - 4　2001 ~ 2019 年浙江省外商投资企业注册登记企业数和投资总额

资料来源：WIND，笔者制图。

　　《2020 年浙江省政府工作报告》中对本省 2020 年度目标任务和重点工作的定位："着力扩大有效投资，大力推动浙商回归，促进民资、国资、央企投资、外资协调增长。""全力稳外贸稳外资。

全面落实《外商投资法》,加大力度引进优势外资项目,积极承接中国国际进口博览会溢出效应,深化 12 个境外经贸合作示范区建设,加快建设境外并购产业合作园,打造高质量外资集聚地。"

（四）浙江省金融市场的运行

浙江省企业申请的贷款中,相当规模是在省外投资运用,因此浙江省产生了远超本省经济总量所需的贷款需求,即"贷款/GDP"指标大幅度超过全国平均水平,这为浙江省银行业的经营创造了巨大的业务空间。目前浙江省贷款收益率高于全国水平,风险低于全国水平,体现出较高的风险定价能力。

浙江省大部分县域的六大国有商业银行布局齐全,此外还有当地的城市商业银行（城商行）和农村商业银行（农商行基本上保持一县一行的布局）,还有不少股份行已深入到发达县域。2018 年浙江的"每百万常住人口银行网点数"是 231 个,全国是 163 个,作为金融中心的上海市是 168 个,可见浙江省的银行业竞争是相当激烈的。

截至 2020 年 7 月,浙江省跨境人民币结算量累计达 6.4 万亿元,累计惠及企业数超过 4.7 万家。浙江省全省跨境人民币结算量从 2010 年的 63 亿元,增长至 2019 年的 8317 亿元,增长 131 倍;交易地区从 2010 年的 40 个国家和地区增加至目前覆盖全球 234 个国家和地区。

作为中国典型的外向型经济大省,浙江省在跨境贸易人民币结算上有着很多探索。2011 年 5 月,浙江省率先开展跨境人民币贸易融资业务,拓宽企业从境外融入低成本资金的渠道;2012 年,浙江省义乌市作为中国首个试点城市,探索个人跨境贸易人民币结算业务；2017 年，浙江省探索开展本外币协同管理；2018 年，对于所有外汇结算能做的跨境业务，浙江省企业均可使用人民币直接办理，提高了跨境人民币服务涉外的主体能力。浙江省跨境贸易结算种类从最初的单一货物进出口贸易到如今货物、服务、收益和投融资多头并进的发展格局，目前已建立健全的跨境金融服务体系。

二　沙特的基本经济结构和吸引外资特点

沙特是西亚北非地区最大的经济体，是世贸组织、世界银行、国际货币基金组织、阿拉伯货币基金组织、海湾阿拉伯国家合作委员会、泛阿拉伯自由贸易区、伊斯兰会议组织、伊斯兰发展银行、石油输出国组织、亚投行等国际组织的重要成员。沙特还是石油输出国组织的主要成员国，是 G20 中唯一的阿拉伯国家，是全球第一大石油生产国。

（一）沙特的石油经济和赤字经济特色

沙特经济增长高度依赖石油出口，近年来受国际油价大跌的影响，2017 年沙特经济增速放缓，实际 GDP 增速为 0.68%，低于本地区和全球平均水平。2018 年，沙特实际 GDP 为 7865 亿美元，增速同比达到 14%（见图 7 - 5）。2018 年，投资、消费和净出口占沙特 GDP 的比重分别约为 25.88%、61.29% 和 12.83%。从产业维度看，沙特第一产业占 GDP 比重为 2.23%，第二产业占比49.72%，第三产业占比48.05%。截至 2018 年 12 月，沙特外汇储备为 4966 亿美元，与 2017 年同期相比，增加了 77 亿美元，增幅1.6%。2019 年，沙特经济总量排名全球第 18 位。

沙特的产业结构极不均衡，国民经济支柱产业是以石油为主的

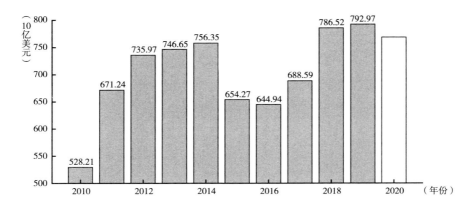

图 7-5 2010~2020 年（预测）沙特国内生产总值

资料来源：世界银行。

能源产业，沙特政府迫切需要改善产业结构。2018 年，沙特石油石化工业收入占国家财政收入的 87%，占 GDP 的 44%。尽管近年来沙特政府充分利用本国丰富的油气资源，大力发展钢铁、海水淡化、电力工业、水泥、农业和服务业等非石油产业，但成效并不显著，所以长期以来，沙特经济很大程度上都依赖于石油。正如它曾经在石油危机中所表现的那样，沙特至今仍在联合一些石油输出国组织（OPEC）的国家影响石油价格，利用国际市场的需求为本国经济提供缓冲。

沙特作为全球主要的石油生产国，境内油田的产出相当多元化，从重油到轻油品种齐全，可满足世界各地炼油厂的需要，其中 70% 以上偏轻质，主要来自陆上油田；其余中、重质主要来自海上油田。政府绝大部分的财政收入来自石油的出口收入、出口税收和石油生产税等，还有一小部分来自非油气行业的财政收入，以及国家主权财富基金的投资收益。

　　沙特的财政盈余与油价的波动呈现紧密正相关。自 2014 年油价快速下降以来，沙特政府就一直处于财政赤字状态。从 2016 年，原油价格开始逐渐上行，沙特的财政赤字虽有所减少，但仍有一定的财政压力。2018 年，沙特政府财政收入 2387 亿美元，同比增长 29%；财政支出 2747 亿美元，财政赤字 360 亿美元（见图 7 - 6）。2019 年沙特的财政盈亏平衡油价为 80.9 美元/桶。倘若国际原油价格持续维持低位状态，沙特在财政上会存在巨大的压力。沙特政府计划在 2023 年实现财政收支平衡。

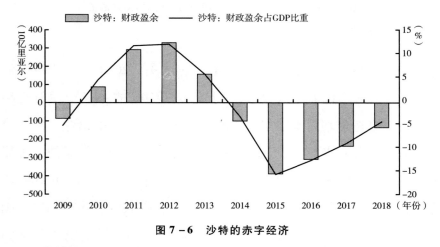

图 7 - 6　沙特的赤字经济

资料来源：WIND，笔者制图。

（二）沙特的营商环境及国际评级

　　世界经济论坛发布的《2019 年全球竞争力报告》显示，沙特在全球最具竞争力的 141 个国家和地区中排名第 36 位，比 2018 年上升 3 位。世界银行发布的《2019 年营商环境报告》显示，沙特的营商便利程度在全球 190 个经济体中排名第 92 位，比 2018 年上升 2 位。在电力指数、保护少数投资者指数、跨境贸易指数和执行合同指数四个方面取得较大进展，在 G20 推进改善商业环境和改革数量方面排第 4 位，世界银行执行合同指数排名上升 24 位。

2019 年，标准普尔对沙特长期主权评级为 A－，短期外债评级为 A－2，展望前景稳定。惠誉对沙特长期主权评级为 A＋，展望前景稳定。穆迪对沙特主权信用评级为 A1，展望前景稳定。

（三）沙特对外资的吸引力

联合国贸易和发展会议发布的《2019 年世界投资报告》显示，2018 年，沙特吸收外资流量为 32.09 亿美元，对外投资 212.19 亿美元；截至 2018 年底，沙特吸收外资存量为 2307.86 亿美元，对外投资存量为 1056.56 亿美元。从投资存量上看，约 40% 的外商直接投资集中在沙特的工业领域，包括炼油、石化、矿业、建筑、食品、塑料、橡胶等行业。2019 年，沙特继续向外资公司开放投资领域，旨在进一步吸引外资公司到沙特投资。沙特为吸引外资，采取的优惠政策如下。

一是沙特进口关税较低，平均关税为 5%。2018 年 1 月 1 日，沙特在海合会成员国中率先开始征收增值税，税率为 5%。

二是沙特近年来对投资领域和投资比例的限制逐步减少，利润可自由兑换和汇出。通信、交通、银行、保险及零售业已陆续对外国投资者开放。

三是"愿景"推出以来，沙特国内改革力度加大，政府加大基础设施建设，采取一系列增收节支、改善营商环境的改革措施，经济运行态势较好。

三 沙特重点国有企业情况

（一）沙特主权财富基金推动沙特经济发展和转型

主权财富是通过特定税收与预算分配、国际收支盈余和自然资源收入等方式积累形成的，由政府控制与支配且通常以外币形式持有的公共财富。不同于传统的政府养老基金与简单持有储备资产以维护本币稳定的政府机构，主权财富基金是一种专业化、市场化的积极投资机构。主权财富基金着眼于包括股票和其他风险性资产在内的全球性多元化资产组合，可扩展至国外房地产、私人股权投资、商品期货、对冲基金等非传统投资类别。

沙特很大一部分的石油出口收入被用作主权财富基金，由政府控制并支配，属于国有资本。成立于 1971 年的沙特主权财富基金——沙特公共投资基金（Public Investment Fund of Saudi Arabia，简称 PIFS），旨在为对国民经济具有战略意义的项目提供融资支持。PIFS 在沙特石化、化肥和电力等重要项目的融资中发挥了重要作用。PIFS 通过股权、贷款、担保以及公共资金分配的方式来投资特定项目，并向大型政府和私营工业项目提供中长期贷款。PIFS 担负了沙特对外投资最重要的主体职能，同时也发挥了带动沙特能源战略转型的作用。PIFS 正努力成为全世界最大的主权财富基金之一，目标是管理 2 万亿美元的资产。

2019 年，全球前 20 大主权财富基金总资产达到了 7.69 万亿美元，其中通过石油和天然气作为收入来源的主权财富基金总资产达 3.90 万亿美元，占比 50.77%。PIFS 的规模位列全球主权财富基金第 11 位。2019 年，PIFS 的资产为 3200 亿美元。

为维持沙特强大的石油生产能力，石油和天然气工业是 PIFS 的主要投资领域之一。一是沙特石油开发由陆地向海洋进军，PIFS 计划在阿拉伯海湾和红海投资 80 亿美元勘探、调查和开发海上油田；二是沙特大力开发非常规石油，PIFS 将在沙特北部的瓦哈尔以及福拉盆地东部投资 80 亿美元用于开发页岩和紧密砂岩石油；三是在天然气领域，"愿景"提出要实现天然气产量翻番，建设覆盖沙特全国的天然气输送网，增加天然气在国内一次能源消费中的比例；四是发展炼油化工产业，沙特计划在未来十年将石化企业的产能扩大 30%，使沙特成为全球第三大石化产品生产国。

PIFS 作为拓展沙特政府资源的保障和推动沙特经济增长的核心驱动力，除投资石油和天然气工业领域以外，还计划发展有助于沙特经济多元化的行业，包括娱乐、电子商务、新能源在内的 9 类行业，并据此成立了相应的投资子公司，由助推"沙特经济多元化"到实现"投资方式和领域多元化"的具体实践。对于沙特政府而言，PIFS 的改革就是国家经济改革的一部分，通过改善产业结构，为后化石能源时代做准备。

（二）沙特阿美石油公司的对外投资及上市

"石油和沙特阿美"是维系沙特经济正常运行的命脉。说沙特是靠沙特阿美石油公司这一家国有企业发家的也绝不过分，这家国企在沙特整个经济体系中具有举足轻重的作用。

沙特阿美石油公司是沙特最大的国有企业，也是沙特境内唯一一家从事石油勘探开发业务的公司。通过国内纵向整合和国外横向参股，沙特阿美石油公司也成为目前世界上探明储量最大的石油公司、全球最大的油气生产公司、全球最先进的石油开发公司之一，生产效率和出品质量都在世界范围内保持前列，它拥有世界最大的陆上油田——加瓦尔（Ghawar）油田，以及最大的海上油田——赛法尼亚（Safaniya）油田，主要经营产品包括原油、天然气、磷酸盐、黄金、铝矾土等。

2016 年 3 月，沙特阿美石油公司的所有权被转让给 PIFS。所有权移交后，沙特政府就有意向外出售沙特阿美石油公司 5% 的股权，通过首次公开发行股票方式为主权财富基金 PIFS 注入资金，以支持其对境内外的进一步投资，特别是支持国内非石油产业发展，持续推动国内经济多元化发展。经过 4 年的努力，沙特阿美石油公司于 2019 年 12 月 11 日在沙特利雅得证券交易所成功上市，首日股价最高上涨至 35.2 里亚尔，总市值达 1.88 万亿美元，成为当时全球市值最大的公司。

沙特阿美石油公司是全球最具盈利能力的公司之一。在 1976 年被国有化以来，沙特阿美石油公司首次公布了利润数据，揭开了这个超大油田公司的神秘面纱。2018 年，沙特阿美石油公司营业收入为 3559 亿美元，同比增长 35%；息税前收益为 2240 亿美元；净利润达 1111 亿美元，同比增长 46.2%，分红 750 亿美元。2018 年每天收入 10 亿美元的沙特阿美石油公司，净利润是苹果公司的两倍，是中石化和中石油利润之和的六倍，比埃克森美孚、壳牌、雪佛龙以及英国石油等几家同类企业的净利润之和还多。2019 年上半年，公司净利润为 469 亿美元，且全部用作分红。

沙特阿美石油公司计划在 2030 年将炼油能力提升到 800 万桶/

天至 1000 万桶/天。沙特在亚太地区大力投资石油化工企业，沙特阿美石油公司在中国、日本和韩国的多个炼油和市场营销项目中持有大量的合资和投资股权，其附加条件均是沙特提供炼化厂所使用的石油，以确保获得稳定的石油消费市场。

（三）沙特基础工业公司对外投资的作用

沙特基础工业公司（SABIC）是世界第四大化工品生产商，在 45 个国家拥有 3.4 万名员工，在沙特建立了 20 个世界级工厂，在美洲、欧洲和亚太地区均设有生产基地。SABIC 在石化、化工、金属行业中非常活跃，业务涉及石化、交通、化肥、钢铁、建筑、医疗器械、包装、清洁能源、电力电子等领域。SABIC 在 2017 年的总资产就达到了 860 亿美元，净收入 49 亿美元，在 2019 年的石油化学品产量共计 6010 万吨。SABIC 成立时为 100% 国有控股企业，后期分阶段进行了部分私有化。目前，沙特政府拥有该公司 70% 的股份，私人投资者（主要来自沙特和其他海湾国家）持有其余 30% 的股份。

2019 年，沙特阿美石油公司以 691 亿美元从 PIFS 购买了 SABIC 70% 的股份，达成了有利于三方的交易。一是沙特阿美石油公司对 SABIC 的收购有利于扩展其炼油体系并实现上下游一体化的战略目标；二是 SABIC 多年来一直主导着中东的石化产品市场，在被收购后，SABIC 将掌管沙特阿美石油公司和整个沙特的化工业务，对 SABIC 自身发展起到巨大的推动作用；三是这次收购也是沙特长期计划的一部分，旨在减少对石油的依赖并发展新产业，PIFS 通过本次交易投放了大量资金，可用于确保投资战略的实施并支持沙特产业的多元化。

第二节　浙江对沙特投资的机遇及风险分析

一　沙特的投资环境

近年来沙特经济发展速度较快，实行"国民收入多样化，经济主体私有化，国民就业沙特化"的主体战略。沙特的发展战略包括扩大石油天然气生产能力，巩固石油在国民经济中的基础地位；鼓励非石油经济的发展，扩大非石油产品出口；促进私有经济发展，减少对私有经济的限制；加大开放力度，积极吸引外资；加速基础设施建设，夯实经济发展的基础。

（一）"愿景"和沙特的国家转型计划

沙特制定了长期经济发展规划。2016 年 4 月 25 日，沙特发布"愿景"和国家转型计划，对 2030 年前的经济发展、收入水平、石油收入、地区形势等进行了长期预测和规划，希望摆脱对石油的依赖，推进经济多元化发展。愿景的总体目标是：到 2030 年沙特跻身全球前 15 大经济体，将公共投资基金的资产总额提升至19000 亿美元，将全球竞争力指数排名从当前的第 25 名提升至前10 名，将外国直接投资占 GDP 的比重从 3.8% 提高至 5.7%，将私营经济 GDP 贡献率从 40% 提升至 65%，将非石油制造业的出口从GDP 的 16% 提升至 50%，将非油政府财政收入从 435 亿美元提高至 2667 亿美元，将失业率从 11.6% 降低至 7%，将油气行业本地化水平从 40% 提升至 75%。大力发展油气和矿业、可再生能源、数字经济、物流等产业。

2019 年 1 月，沙特国家工业和物流发展规划大会发布了《国家工业和物流发展规划》，王储穆罕默德见证并签署了总价值 630 亿美元的 37 份协议和谅解备忘录。该规划旨在将沙特打造成为全球领先的工业强国和物流中心，重点发力工业、矿业、能源、物流四大产业，力争在 2030 年前将这四大产业对经济的贡献提高至 3200 亿美元，吸引投资 4500 亿美元，将非油出口规模扩大到 2600 亿美元以上，预计新增 160 万个就业岗位。

（二）沙特的投资主管部门

沙特最高经济委员会——1999 年 8 月成立的沙特最高经济委员会是沙特负责研究、制定、执行、管理经贸和金融决策的最高政府机构，最高经济委员会有权决定外商投资领域，并发布、修改禁止外商投资行业清单。

沙特投资总局——2000 年 4 月，根据沙特最高经济委员会决议成立的沙特投资总局，是直接负责协调沙特政府各部门处理沙特境内外商投资事务的官方机构，具体职能包括制定促进境内和对外投资的政策草案，并提交给经济与发展委员会；制定改善本国投资环境的实施方案和具体细则；对本国和对外投资进行监督和评估，纂写阶段性报告；调查研究并扩大本国投资机遇；协调其他有关政府部门，履行相应职责；组织、参加与投资有关的各类会议、座谈、研讨以及国内国际展览；开展数据调查和统计，建立健全投资数据库。沙特投资总局的宗旨是改善沙特国内投资环境，提高对外资的吸引力，为境内外投资者提供全方位的服务，尤其鼓励在能源、运输及知识产业领域的投资。

除了禁止和限制外商投资清单中所列的业务和其他一些由专门

部门审批的业务外，外国投资者想要投资沙特某个行业，都必须先向沙特投资总局申请投资许可证。可以审批特殊业务投资的部门包括沙特货币局、资本市场管理局（CMA）、通信和信息技术部，以及气象和环境保护局等。

沙特商业投资部——负责管理和协调国内外贸易和投资的主要政府职能部门，负责贸易政策的制定实施，企业注册，与其他国家和国际经济贸易组织进行多双边磋商等，旨在为沙特商务和投资营造公平公正的外部环境，主要任务是制定和执行商业投资政策，加强商务部门的能力建设，维护其合法权益，推动经济的可持续发展。

（三）沙特的相关投资法律及投资政策

沙特投资领域的相关法律有《沙特投资总署法令》《外商投资法》《外国投资法实行条例》《公司法》《商业注册法》《商业代理法》等。根据沙特《外商投资法》及其实施条例的有关规定，外国投资者可以与沙特本国投资者成立合资公司，直接从事贸易活动。但这种合作的门槛较高，规定每一名外国投资者的最低投资额为 2000 万里亚尔（约合 533 万美元），且要求每年对至少 15% 的沙特籍员工进行培训。加上沙方股东最少 25% 的持股比例，合资公司的注册资本需达到 2667 万里亚尔（约合 711 万美元）。

外资设立机构方面——根据沙特《外商投资法》及其实施条例的有关规定，沙特允许外资以合资或独资方式在沙设立公司、工厂或开设办事处（无经营权限）。沙特对外国公司实施平等保护，外国公司与本国公司一样，受《公司法》的约束和保护。外资企业可以投资除《禁止外商投资目录》规定以外的其他行业，其中农业项目最低投资额为 2500 万里亚尔（约合 666 万美元），工业项目为 500 万里亚尔（约合

133 万美元），服务业项目为 200 万里亚尔（约合 53 万美元）。

外资执牌和许可方面——外国投资者在沙特进行任何长期或短期的投资活动都必须获得由投资总局颁发的许可证（投资执照）。沙特投资总局把许可证按行业分类分为服务业（又分为特定行业和非特定行业的服务业）、工业、农业、贸易和房地产业许可证。特定行业服务是指银行、保险等专门行业，一般的工程承包业务属于非特定行业的服务业。一个公司在一个大类行业中只需申请一份许可证即可，要增加该同一大类行业中的业务，只需更新该投资许可证即可。想申请不同行业的业务，除了满足这些行业的准入条件外，必须另行申请一份投资许可证。沙特投资总局允许一个外国公司持有多份投资许可证，但是申请人必须首先证明其在沙特的现有业务中无经营亏损和违法违规等记录。

外资利润汇回方面——外国投资者有权将其通过出售自身股份或企业结算获得的利润或盈余汇往国外，或以其他合法手段使用，也可以汇出必要款项用于履行与项目相关的合同义务。

外资并购方面——除沙特投资总局公布的外资禁入行业清单中所含行业外，外资可自由进入沙特市场。外资在进行收购时，首先需要向投资总局申请投资许可证。沙特资本市场管理局于 2007 年颁布了《并购规则》，并于 2012 年做了有关修订，该规则对公司兼并和收购的具体要求和程序做了详细规定。沙特法律不允许外国公司分公司在沙特收购另一家公司的股份，成为另一家公司的股东。沙特法律认为外国公司分公司是其母公司法律人格的延伸，其自身没有独立的法律人格，没有对外投资和收购资格。此外，沙特法律也不允许敌意收购，如果被收购方不同意转让其股份，不得强迫其转让。

　　沙特市场中典型的并购方式包括股权收购和资产收购两种。收购需要合法有效的收购协议。在股权收购中，需由全体股东签署同意将公司股权让与第三方的书面决议，并经商业投资部核准，公证机关公证后，通过官方公报刊发。在资产收购中，收购方可选择收购全部资产或部分资产，以达到规避债务的目的。由于沙特法律除了对不动产和汽车等交通工具的注册变更有具体规定外，并未就资产转移的程序做出一般性规定，因此在资产收购时要特别谨慎，尤其是涉及租赁资产时。在沙特的所有并购行为都必须最终由沙特竞争监管局批准，其中涉及上市公司的并购必须聘请注册会计师和法律顾问参与，并接受资本市场管理局的审核。另外，需要特别注意的是，外国投资者不能直接购买沙特国有企业私有化的股票。

　　外商投资优惠政策——外商直接投资可享受沙特政府颁布的一系列优惠政策，特别是在沙特政府规划的六座经济城（拉比格阿卜杜拉国王经济城、麦地那经济城、吉赞经济城、哈伊勒经济城、塔布克经济城、阿赫萨经济城）、全国 24 座已建成的和在建的工业城以及朱拜勒、延布两个专属工业区内的投资，可享受到沙特政府提供的地区性投资优惠政策，包括廉价能源供应、廉价项目用地、优惠劳工措施、减免企业所得税、免除原材料及器械进口关税等。

二　中资企业在沙特投资的行业机遇分析

　　沙特连续多年是中国在西亚北非地区的最大贸易伙伴，中国也是沙特最重要的原油出口市场和贸易伙伴。2016 年，中沙关系提升为全面战略伙伴关系，沙特支持"一带一路"建设，中沙双方签署了关于共同推进"一带一路"和开展产能合作的谅解备忘录。2018 年，中国对沙特直接投资流量为 3.83 亿美元，截至 2018 年末，中国对沙特直接投资存量为 25.95 亿美元。沙特对华累计投资达 16.4 亿美元，主要涉及石油炼化、石化产品加工销售等领域。

（一）沙特重点招商引资的领域

沙特政府主导的经济转型升级计划——"愿景"与共建"一带一路"不谋而合，为中沙双方互惠共赢、务实合作提供了历史新机遇。在此背景下，沙特成为中资企业"走出去"的重要投资目的地。沙特经济高度依赖油气资源，而中国是世界上最具增长潜力的能源消费市场，中沙相互投资发展潜力巨大，投资领域包括能源开采、能源开发、石油深加工、能源贸易等传统合作领域，也包括房地产建设、轨道交通、港口、水务、电站等基础设施建设领域，以及新能源、电子科技、航天科技等高新技术领域。

鼓励性行业——沙特投资总局在其网站上公布的 6 大类鼓励性投资行业包括：（1）以能源为基础的行业，包括原油炼化、石化、海水淡化与发电业、冶金开矿行业等方面；（2）运输物流行业，包括航空、铁路、港口码头、物流等；（3）信息通信技术行业；（4）医疗卫生行业；（5）生命科学行业；（6）教育行业。

经济区建设及优惠——近年来，沙特加快了经济开放的步伐，经济区建设已成为沙特对外开放的重要组成部分。沙特政府宣布对原有的朱拜勒和延布工业城实施扩建。延布工业城对外国投资有更加优惠的政策支持，允许设立外商独资企业，所有企业不论何种资本类型均享受国民待遇；所有生产所必需的原材料免征进口关税；建设项目可获得项目投资总额的 50%，最高 1 亿美元的无息贷款；租购房屋土地可享受较低的价格和长期固定的租金；政府采购将倾向于本国制造的产品；回撤资金无严格限制等。

经济城建设及优惠——沙特政府启动庞大的经济城建设计划，已对外公布将在拉比格、麦地那、吉赞、哈伊勒、塔布克、阿赫萨建设 6 座经济城。经济城分布全国各地，分工不同，重点推动沙特的能源、运输、科技、金融、贸易和旅游发展，吸引国内外投资，扩大就业。在经济城投资的投资者可按投资额的 50% 享受到"工业发展基金"的 10 年低息贷款；还可以以年租金每平方米 8 个哈拉拉(1 沙特里亚尔 = 100 哈拉拉) 的象征性价格租用两块土地，分别用于厂房建设和住宅建设，租用土地的面积根据项目的需要核定，今后可以根据发展申请扩大；投资者可以根据项目的需要引进必要的劳务人员，对项目需要而当地又无法解决的机械设备、原材料的进口免征关税，所生产的产品属于民族工业产品，受政府政策的保护，同类的外国进口产品将增加关税；经济城发展基金税每平方米每年 0.5 沙特里亚尔。

投资欠发达地区优惠——沙特政府对进入 6 个欠发达地区投资的外商企业给予更加优惠的税收政策，6 个地区分别为哈伊尔、杰赞、纳杰兰、巴哈、朱夫和北部边疆省。在上述 6 个地区设立的外资企业可以减免 50% 的年度沙特籍雇员培训费用，减免沙特雇员 50% 的工资，如果企业符合投资规模超过 100 万沙特里亚尔，且至少有 5 名沙特籍员工担任企业技术或管理职务（合同至少 1 年）的条件，则会享受更多的税收优惠政策。

（二）中资企业投资沙特油气和石化行业的机遇分析

石油和石化工业是沙特的经济命脉，中沙两国的石油合作已经从单一供给转向了全产业链的合作模式，双方在炼化和服务方面的合作不断加深。

2017 年，沙特石油石化产业生产总值为 1954 亿美元，占 GDP 的 28%，主要产品为原油和石化产品，当年出口额为 1702 亿美元（含原油、石油炼品）。近年来，沙特政府充分利用本国丰富的石油、天然气资源，积极引进国外的先进技术设备，大力发展钢铁、炼铝、水泥、海水淡化、电力工业、农业和服务业等非石油产业，高度依赖石油的单一经济结构有所改变。沙特具备日产 1201 万桶石油的生产能力，并有能力将此日产量继续保持 50 年，同时，具备继续提高产能的条件，且正在研究扩大产量至 1500 万桶/日。中资大型油气和石化企业可以依托国内广阔的需求市场，以及先进的技术设备，进一步加大与沙特石油石化行业的深度合作。

沙特阿美石油公司近年来分别同中石化、道达尔、壳牌、美孚、陶氏化学等国际知名企业合作，在沙特成立了合资公司。沙特阿美石油公司与中石化共同投资 100 亿美元建设的沙特阿美石油公司中石化延布炼厂项目于 2014 年底竣工，2016 年 1 月正式投产，年炼化产能 2000 万吨，其中中石化持股占比为 37.5%。

（三）中资企业投资沙特基础设施建设行业的机遇分析

中沙两国政府于 2008 年签署了《关于加强基础设施建设领域合作的协定》，双方促进在基础设施领域开展包括设计、安装、施工、生产、处置、建材供应和设备制造等方面的合作。沙特允许外国投资者参与当地的基础建设投资，但尚不允许外国投资者单独投资基础设施。

沙特正逐步放开基础设施投资的限制，从国有投资向公私合营投资转变。沙特允许外国投资者参与当地基础建设投资，目前以私营企业参与基础设施建设和工程总承包的方式为主。2016 年以来，沙特积极推进政府与社会资本合作（PPP）合作模式，并出台了相关法律规定，但 PPP 模式需要高度完善的法制环境，目前推出的项目主要为海水淡化、污水处理和医院等。

沙特政府大力发展基础设施建设。沙特的建筑市场容量庞大，已成为中国最具增长潜力的海外工程承包市场之一。2018 年中资企业在沙特新签承包工程合同 114 份，新签合同额 67.25 亿美元，完成营业额 52.18 亿美元，累计派出各类劳务人员 13583 人，年末在沙劳务人员 26957 人。新签的大型工程承包项目包括山东电力建设第三工程有限公司承建的沙特延布三期 5x660MW 燃油电站项目，中铁隧道局集团有限公司承建的沙特吉达公寓楼、达曼公寓楼及别墅 3 大保障性房屋建筑工程项目，华为技术有限公司承建的沙特阿拉伯电信项目等。

2018 年，沙特交通基建成就显著，全年共完成交通基建项目 155 个，道路里程超过 3300 千米。从沙特基础设施发展规划及互联互通路网建设规划中可以发现很多可供中资企业深度参与建设的市场机遇。

公路——沙特国内运输以公路为主，沙特第一个五年规划就把公路列为首要发展的领域。沙特规划建设总长 6400 千米的高速公路，交通部正在努力将 4.9 万千米的单一车道公路改造成双车道公路，平整土路工程达 14.4 万千米。另外，沙特政府还有意升级改造现有的连接沙特和巴林两国的法赫德国王大桥（沙巴跨海大桥）。

铁路——沙特规划 2013～2023 年投资 450 亿美元建设全国铁路网，建成包括沙特大陆桥连线、南北线等在内的 6 条铁路干线，全长约 7000 千米。

水运——目前沙特各大港口总共拥有 183 个泊位，年总吞吐量 1.5 亿吨，集装箱每年装卸总量 200 万标箱，每年到访沙特港口的船舶达 1200 艘次。西海岸三座港口也已建成使用，东海岸的三座港口也已建成使用，另外东海岸的扎瓦尔港为在建港口。沙特港务局表示随着未来港口运力需求的不断增长，各主要港口将逐步扩建。

海运——海运领域承担了沙特 95% 的进出口量，私营部门发挥着越来越重要的作用。2019 年，中沙两国签署海运合作协议。

供水——为满足人口增长带来的供水需求，沙特政府计划在未来 10 年投资 660 亿美元用于供水建设，包括在拉比格建设世界上最大的淡化水厂，预计日产淡化水 60 万立方米。另外，沙特国家供水公司计划于 3 年内在吉达建设 1 家 1200 万立方米的储水厂，以解决该市 400 万人口的用水紧缺问题。

管道运输——沙特境内管道主要用于输送陆地和海上石油及天然气、石油天然气化工产品以及海水淡化水等。因沙特工业本地化政策，未来管道运输领域产品本地化缺口较大，加之已有管道使用期限届满需要更换，该领域产能需求强烈。

电力——沙特计划到 2030 年生产 950 万千瓦的可再生能源电力。这项最新的经济举措是"愿景"的一部分，旨在减少对石油的依赖。沙特拟在 2030 年以前新建 16 座核电站，耗资约 1000 亿美元，总发电量可达 22GW/年，届时将占沙特全国总发电量的

50%。2016 年 1 月，习近平主席访问沙特期间，中国核工业建设集团公司与沙特核能与可再生能源城签署了《沙特高温气冷堆项目合作谅解备忘录》，双方确认开展第四代先进核能技术高温气冷堆项目合作。

沙特积极参与海合会六国电网互联互通项目。2011 年，沙特与阿联酋之间实现了电网互联。目前沙特正与埃及研究架设两国间 3GW 输电线路。中资企业在沙特投资设厂无需自备发电设备。

（四）中资企业投资沙特信息通信技术行业的机遇分析

沙特的电信市场前景广阔，电信行业年收入约 183.54 亿美元，在全球排名第 14 位，在中东地区排名第 1 位。随着沙特"智慧城市"规划的不断完善，沙特电信领域联通工程规模持续扩大，未来电信行业对技术和成本的要求也越来越高。目前，沙特已给华为和中兴两家中资企业颁发了外商投资的营业许可证。

2020 年 10 月 21 日，作为二十国集团轮值主席国的沙特在其主办的全球人工智能峰会上宣布启动沙特国家数据和人工智能战略，该战略旨在推动本国的人工智能和大数据行业发展，将重点利用数据和人工智能作为国家社会经济增长的推动力，解决沙特经济转型的需求。其目标是到 2030 年，沙特将在人工智能领域吸引约 200 亿美元的国内外投资，培训超过 2 万名数据和人工智能专家，创建 300 多家初创企业等。

（五）中资企业投资沙特医疗保健业的机遇分析

医疗保健是沙特"愿景"的一个重点领域。除了明确推进私有化以外，沙特国家转型计划还提出拟将私人医疗保健支出占支出总额的比例从目前的 25% 提高至 35%。这意味着医疗营收预计将从 30 亿里亚尔增加至 40 亿里亚尔。此外，沙特卫生部计划在未来 5 年内投入 230 亿里亚尔，用于实施医疗改革新举措。医疗改革内容包括增加私人医疗设施，加强医疗保险，提供更好的培训设施和药品制造本土化等。

沙特允许外国人作为沙特医院的持股人和管理者，但禁止外国人作为其他医疗保健机构的持股人和管理者。外商可通过公私合作模式以及与内资实体合资的形式参与新医院的建设、经营和投资。沙特目前主要依靠进口来满足药品需求，因此急需推动药品制造本土化来保证药品的充足供应，政府正在积极鼓励外国药品制造企业通过公私合作模式或者与国内企业合资的形式在本地建设工厂，激励措施是在未来批量招标时提供优惠待遇。作为额外的激励，沙特政府允许在沙外资制药企业分销和销售在当地生产的药品，但所有进口药品的分销渠道仅限于沙特分销商。医疗设施设备制造对外国投资者而言是投资良机。目前大多数医疗设施设备是在国外完成制造后进口到沙特，沙特卫生部支持跨国公司与沙特企业通过合作的方式实现医疗设备制造本土化，激励措施包括保证卫生部的采购量，以及在未来批量招标时提供优惠待遇。此外，沙特还向境内的外资制造企业提供一项额外的优惠政策，即允许其在国内直接分销和销售医疗设备。

（六）中资企业在沙特的融资方式

沙特货币为沙特里亚尔，采用与美元挂钩的汇率制度。沙特里亚尔与美元可自由兑换，1 美元＝3.75 里亚尔。2016 年，人民币与里亚尔实现了直接兑换结算。除了禁止与以色列进行交易外，沙特不论是对本国居民还是非本国居民都没有外汇管制，各种货币可以在沙特自由兑换并自由汇入汇出。

中资企业在沙特有三种融资方式。

贷款融资——沙特银行可以向外资企业在沙的分公司、子公司发放贷款。贷款申请通常需要最近连续3年的年度财务报表、现金流量预测、贷款偿还来源说明、项目可行性研究报告、商业注册概要和税收评估以及贷款计划说明等。银行通常要求贷款人提供相应的担保，银行接受以下形式的担保：贷款人票据、银行承兑汇票、可交易证券（公债、股票和债券等）、银行和母公司担保等。

伊斯兰债券融资——这是中资企业在沙特境内为项目筹集长期限、低成本资金可以考虑的一种融资方式。一般债券期限较长，都在10年以上，目前市场上也逐渐出现了3年期、5年期和7年期的债券品种。沙特境内发行的伊斯兰债券多采用浮动价格，并且只有约1/3的债券在沙特证券交易所上市交易。

其用于投资的资产必须为有形资产，是对特定资产份额或资产收益权的所有权，伊斯兰债券是以资产支持的、有稳定收益的、可交易且符合伊斯兰教法的信托权证。沙特境内伊斯兰债券的发行方多为电力、交通、石化能源等基础设施企业。由于沙特境内投资者众多，资金充裕，与在国际市场发行时必须要有信用评级不同，沙特境内的债券发行可不必进行信用评级。

传统债券的定价主要取决于发行人的资信，而伊斯兰债券的定价取决于其所依赖资产的市场价值，且其发行规模也受限于其所依赖的资产价值，而传统债券的发行规模更多的是受发行人的资信、投资者的需求等限制。近两年，伊斯兰债券市场投资需求旺盛，因此市场上发行伊斯兰债券的融资成本比发行传统债券成本要低，对同一个发行人而言，有10~15个基点的利息差。因此，对在沙特投资的中资企业而言，伊斯兰债券是一种获取低成本融资的渠道。

政府基金贷款——为促进沙特国内经济发展，沙特政府设立相关专业信贷机构，向国民经济的特定部门提供专门的金融服务，发放贷款支持国家经济的建设。其中，沙特工业发展基金主要是为沙特本国的工业设施提供金融支持，只要是持有在沙特境内从事制造业许可证的沙特或外国注册公司或机构都可以申请沙特工业发展基金贷款。为了助力实现沙特"愿景"，2018年沙特工业发展基金将贷款范围扩大到能源、物流和采矿项目，可以为拥有沙特投资者的境外企业融资。沙特工业发展基金通常会要求借款人将固定资产抵押，并且将项目的保险收益和专利技术使用权转让，根据项目风险的大小还有可能要求公司股东提供担保甚至提供其他增信措施。沙特工业发展基金不对贷款收取利息，只是在开始放贷时收取一个前端费，作为前期评估发放贷款的一个成本支出，约为8%，在放贷后每半年收取评估跟踪费用，费率为0.8%～1.5%，项目前期费率高，项目后期费率会降低。对于已经建成的项目也会收取一个固定的跟踪费，一般会比银行贷款的融资成本要低。如果借款人能够按照要求提供沙特工业发展基金评估所需要的资料，一般四个月就可以获得沙特工业发展基金贷款审批，贷款可以一次性发放，也可以按照项目进度分次发放，还款的宽限期最长可以达到4年。2018年6月，沙特工业发展基金给中国石化延布炼厂提供了32亿里亚尔的贷款，贷款期限13年，包括2年宽限期，贷款条件为固定资产抵押及专利使用权转让，双方股东出具了不具担保性质的安慰函，综合融资成本（前期评估费加上后期跟踪评估费）不超过3%。当时沙特银行间同业拆借利率约为2.6%。从融资成本考虑，申请沙特工业发展基金贷款是有助于本地和外资企业降低财务费用的。

从融资规模、条件、成本、期限、用途等方面进行比较，中资企业可以根据自身融资需求选择融资工具。银行贷款融资因为其融资规模大、申请简单方便、融资期限灵活等特点，使用最为广泛，但和伊斯兰债券和沙特工业发展基金贷款相比，其缺点为融资成本相对较高；沙特工业发展基金贷款是政府贷款，类似于中国的政策性贷款，具有融资成本低、融资期限长等优点，对中资企业在沙特境内获得长期稳定性的资金是一个很好的保障。但是，向沙特工业发展基金申请贷款时间比较长，而且要求借款人资产抵押和转让，融资条件比较严格。伊斯兰债券融资成本也较低，但对发行人或担保人资信要求较高，发行准备时间比银行贷款时间要长，融资期限没有银行贷款灵活（见图7-7）。

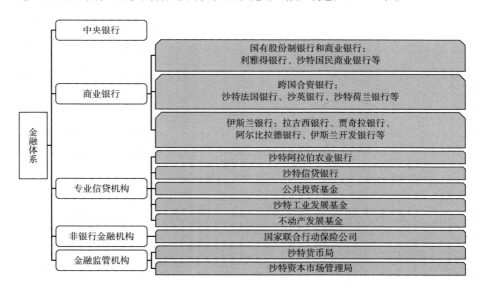

图7-7　沙特的金融体系

资料来源：笔者自行整理。

三　中资企业在沙特面临的投资风险

（一）政治、社会与市场风险防范

政治风险——主要集中在沙特王室权力过渡对政局稳定性带来的风险。目前沙特政局较为稳定，王室对政治权力的控制较强，但也面临权力向下一代转移的相关继承问题。从长远看，权力过渡会对沙特政局的稳定性带来一定影响。

社会风险——沙特社会形势存在潜在的不稳定性因素。一是贫富差距悬殊持续已久；二是近年来沙特实施的财政紧缩政策容易引发社会动荡；三是多年来各教派之间的矛盾与冲突；四是近年来沙特国民失业率居高不下，2018年沙特总失业率达12.7%，同时劳动力供给结构失衡，对外籍劳工严重依赖，女性就业率低。

市场风险——油价大幅下跌引发的市场波动。如2020年初的油价暴跌，导致沙特2020年的预算将减少超1000亿沙特里亚尔（约合267亿美元）。根据沙特2019年公布的2020年政府预算预测，石油收入为5130亿里亚尔（约合1368亿美元），2020年油价暴跌后，实际石油收入减少至4100亿里亚尔（约合1093亿美元）。这些收入甚至不足以支付公务员的工资。

（二）商业环境、安全与法律风险防范

商业环境风险——一是相关特定行业存在投资限制；二是沙特政府实行的"沙特化率"劳工政策限制，为提高本国就业率，沙特政府实行"沙特化"分级制度，要求所有在沙经营的企业根据所处行业及企业规模不同，必须聘用一定比例的沙特籍员工，并根据各企业的完成情况给予一系列的激励政策或惩罚措施；三是腐败

问题较为严重，给外资企业的投资活动带来一定的挑战。

安全风险——一是外部安全环境有所恶化，近年来沙特外交政策逐渐由温和稳健转向强硬积极，给地区安全的整体环境带来挑战；二是存在一定的恐怖主义威胁，虽然自大力打击"基地"组织运动以来，沙特遭受恐怖袭击的威胁大大降低，但恐怖主义带来的安全风险依然存在；三是沙特深度参与的叙利亚、也门等地区热点问题久拖不决，极大消耗了沙特国力，也使得沙特面临关卡周边安全环境急剧恶化的危险。2018～2019年，也门胡塞武装累计向沙特境内发射弹道导弹十余次，造成一些人员伤亡，使沙特面临较大的安全风险。此外，因沙特税费和就业政策变更导致一部分本国和外籍劳工生活成本提高，盗抢、凶杀等犯罪活动数量上升，国内恐怖袭击时有发生。

法律风险——按照沙特《外国投资法》的规定，外资可以在沙特国内成立全资子公司或分公司，享受沙特当地法人公司的同等待遇。但在实际运作中，外资企业有可能享受不到实际意义上的同等待遇。此外，虽然沙特投资领域运作较为规范，但国内仲裁时有倾向性裁决。

第三节　浙江吸引沙特投资的机遇分析

2019年，中国实际利用外资9415亿元，增长了5.8%，新设外资企业超过4万家，继续保持第二大外资流入国地位。2017年，沙特对华直接投资流量1493万美元，截至2017年，沙特对华累计投资达15.45亿美元，包括油气投资、重大能源合作项目在内的双方重点合作项目正在稳步推进或加紧商谈。

2020 年 6 月，为贯彻落实《国务院关于进一步做好利用外资工作的意见》，浙江省出台了《浙江省人民政府关于做好稳外资工作的若干意见》，包括如下内容。一是进一步放宽外资市场准入。全面落实完善外商投资准入前国民待遇加负面清单管理制度，鼓励外资投向数字经济、生命健康、新材料、航空航天等产业，加快落实外资银行、证券公司、保险公司、基金管理公司等金融业开放政策。二是聚焦特色产业加快建设高能级开放平台。加快中国（浙江）自由贸易试验区等开放平台建设，吸引境外与油气产业相关的实体类、贸易类、金融类等跨国公司和机构参与自贸试验区油气全产业链建设，形成资本和产业集聚效应。推动开发区创新发展，打造约 20 个高能级开放平台，建设一批制造业高质量发展园区。三是加强外资企业要素保障。加大财政精准支持力度，加大金融支持服务力度，加强外资项目要素保障。四是支持外资企业研发创新。支持外资研发机构发展，优化外资企业科技创新服务，落实外资企业研发创新税收优惠。五是创造外商来浙工作便利度。六是加大投资促进工作力度。七是优化外商投资营商环境。保护外资企业合法权益，落实外资企业国民待遇，优化外资项目规划用地审批程序和信息报送渠道，提供外商就医、子女就学等生活便利。八是加强外资企业知识产权保护。九是加强"稳外资"工作保障，推荐 10 亿美元以上外资项目列入国家重大外资专班项目，择优推荐 5 亿美元以上外资项目列入省级专班项目，择优推荐 1 亿~3 亿美元外资项目列入市、县（市、区）专班项目，推荐重大外资项目进入省市县长项目工程。

一　进一步吸引沙特大型企业对浙江省的投资

2016 年 1 月，习近平主席访问沙特期间，两国政府签署了《中华人民共和国商务部与沙特阿拉伯王国商工部关于产业合作的谅解备忘录》，双方将提升在石化、汽车、家电、物流、石油装备、清真食品等领域的合作。

（一）吸引沙特主权财富基金对浙江省投资

2016 年 4 月，沙特宣布实行"愿景"计划，这项计划旨在减少沙特对石油的依赖，推动经济多元化并大力发展公共服务部门，发展非石油领域和私营企业，而实现"愿景"所需的资金大部分来自沙特公共投资基金。因此，中国"一带一路"建设与沙特"愿景"战略计划的对接步伐加速，为吸引沙特公共投资基金投资浙江省提供了基础条件和广阔空间。

2017 年，沙特公共投资基金投资 450 亿美元，与日本软银、阿联酋主权基金 Mubadala、苹果、富士康、高通、夏普等企业或机构成立了总规模达 1000 亿美元的愿景基金（Vision Fund）。通过软银的愿景基金，沙特公共投资基金已向中国投资 100 亿美元，分布在 12 家公司。沙特公共投资基金作为第一批外资投资人间接投资了注册地位于杭州的浙资企业蚂蚁金服，沙特公共投资基金也承诺向世界银行的中国基金投资 4 亿美元。

（二）沙特阿美石油公司已经在浙江省布局

2019 年，浙江省政府与沙特阿美石油公司签署合作备忘录，沙特阿美将入股浙江石油化工有限公司（简称浙江石化）的新建炼化项目。舟山市政府也与沙特阿美石油公司签署了谅解备忘录，向沙特阿美石油公司转让舟山海洋综合开发投资有限公司（简称舟山海投）所持有的浙江石化 9% 的股权。沙特阿美石油公司是中国最大的原油供应商，对于保障中国能源安全方面发挥着重要作用，它的参股将为该项目提供长期的原油供应，为浙江石化发展提供有力的支持。

浙江石化是一家成立于 2015 年 6 月的民企控股、国企参股的混合所有制企业，目前公司保持每月高达 60 亿元的稳定产值。在浙江石化的引领下，浙江自贸试验区油气全产业链迅猛发展。公司的股权结构为荣盛石化持股 51%，浙江桐昆投资有限责任公司（上市公司"桐昆股份"全资子公司）、浙江巨化投资有限责任公司（浙江省国资委下属企业）各持股 20%，舟山海洋综合开发投资有限责任公司（舟山市国资委下属企业）持股 9%。这次舟山海投转让的浙江石化 9% 的股权，占浙江石化注册资本的比例较低，其他三家股东的出资比例保持不变，因此本次股权转让不会影响浙江石化前三大股东的股权结构和荣盛石化对浙江石化的控股权。

舟山绿色石化基地分三期开发。一、二期为总投资 1730 亿元的 4000 万吨/年的浙石化炼化一体化项目，是目前世界上投资规模最大的单体产业项目，也是迄今国内民营企业投资规模最大的项目。该项目是中国（浙江）自由贸易试验区打造油品全产业链发展战略的重要依托工程，项目规划面积 41 平方千米，生产 VI 汽柴油、航煤、对二甲苯（PX）、高端聚烯烃、聚碳酸酯等 20 多种石化产品。

项目一期已于 2019 年 12 月底建成投产，加工原油的来源包括沙特中质油和伊朗轻质的混合原油，以及巴西混合原油和伊朗重质混合原油，年加工原油 2000 万吨，年产芳烃 520 万吨，年产乙烯

140 万吨。一期项目投产后，油气储备能力达到 3100 万立方米，保税燃料油供应突破 400 万吨，并率先开展了油品贸易跨境人民币结算便利化试点，结算规模达到 958 亿元。

项目二期设计为沙特轻质油和沙特重质油加工，正在建设中，预计年加工原油 2000 万吨，年产芳烃 660 万吨、年产乙烯 280 万吨。该项目建成后年均营业收入可达 1906 亿元，净利润 182 亿元，项目预期经济效益良好。

沙特阿美石油公司可为浙江石化带来的成果如下。

资金保障——作为世界最大的石油生产公司，沙特阿美石油公司在 2019 年的世界 500 强综合排名中位列第 6，并以 1110 亿美元的利润排名盈利榜首位，具有超强的资金实力。沙特阿美石油公司成为浙江石化的股东后，将有足够的资金实力履行股东的出资义务，为浙江石化项目的实施提供资金保障。

扩大下游合作——沙特阿美石油公司以 690 亿美元收购沙特基础工业公司是加速公司向一体化炼化下游转型的重要一步，大大增强了沙特阿美石油公司的下游业务，利用沙特基础工业公司现有的成熟技术，重新配置炼油厂和石化生产装置，以生产更多的化学品，通过重新配置，可以实现原油直接制化学品的转化率由传统的 8%～12% 提升到 40%～50%。

浙江石化极大地拓展了沙特阿美石油公司在中国的业务，包括其亟待拓展的下游产品，如芳烃、烯烃和聚烯烃、多元醇、异氰酸酯和合成橡胶等。沙特阿美石油公司不仅给浙江石化带来了充沛的资金，还有充足的原料保证，未来极有可能将国际先进的技术、石化企业的管理经验等引入浙江石化。可以说，这次合作是全球最大油产企业和中国最大民营炼化企业的双赢。

此外，沙特阿美石油公司与浙江省的合作还包括 2019 年 2 月穆罕默德·本·萨勒曼王储访华期间签署的另外两份谅解备忘录，旨在扩大沙特阿美石油公司在浙江的下游业务。

一是与浙江石化另外三家股东荣盛石化股份有限公司、浙江巨化投资有限责任公司以及浙江桐昆投资有限责任公司签署合约，沙特阿美石油公司将提供长期的原油供应，以及依托利用浙江石化的大型原油存储设施，为亚洲地区客户提供服务。

二是与浙江能源签署对有关成品油零售网络的投资。计划未来五年内在浙江省内建立大规模的成品油零售网络，零售业务将与浙江石化整合，作为精炼产品的分销渠道。

（三）沙特大型企业的中国机遇

创立于 1976 年的沙特基础工业公司是全球第二大多元化化学公司，中东地区最大的上市公司，也是沙特最大的贸易公司。自 20 世纪 80 年代沙特基础工业公司进入中国以来，沙特基础工业公司与中国的每一次合作都在中国化工行业发展史上留下了深刻的印记。近年来，随着中国国内对外资在油气上下游行业投资限制的解除，沙特基础工业公司与中国也签署了一系列战略合作协议：与神华的 70 万吨/年煤制烯烃项目，与中石化的合资炼化企业在南山投资 2.5 亿美元建立亚洲最大的混合炼油工厂，与福海创石化有限公司签署 180 万吨/年乙烯项目等。不断加大在中国的投资力度意味着沙特基础工业公司在积极推动着沙特经济多元化发展的同时，进一步巩固加深中沙双方的区域合作伙伴关系，促进"一带一路"建设和沙特"愿景"的对接。

二 浙江省各领域对沙特投资的吸引

浙江是开放大省和经济大省，在数字经济、基础科研、技术创新、医疗资源、高端制造、产业配套等各方面都有着突出优势。

（一）浙江省吸引沙特投资合作的数字经济领域优势

浙江省是改革开放的先行地和数字经济的排头兵，近年来浙江省在区块链、大数据、物联网、云计算、人工智能技术研发与应用方面把握机遇，加快落地。2019 年浙江省数字经济核心产业实现增加值 6228.94 亿元，同比增长 14.5%，数字经济总量占 GDP 的比重超过 42%，数字经济成为浙江省经济发展的新动能。特别是杭州的数字行政服务、公共服务和数字生活服务等全国省级智慧城市单项指标全面领先，总指数排名超越四大传统一线城市，位列全国第一，对省域经济的辐射带动作用明显。

数字贸易先行示范区——浙江省数字贸易先行示范区建设分为近期、中期和远期三个阶段逐步推进，近期（2020 年）实施范围为杭州市全域，中期（2021～2022 年）拓展至宁波、金华、义乌等地区，远期（至 2025 年）覆盖全省。

一批原生态区块链金融科技企业茁壮成长——浙江省区块链金融科技企业初步形成了以蚂蚁金服为龙头，恒生电子、同花顺、信雅达等企业为骨干，微蜂泰科、嘉楠耘智、宇链科技、趣链科技、数牛科技、巴比特、复杂美等企业为新秀的多元并进的发展格局。2018 年浙江省区块链行业规模位居全国第 4，牢牢占据区块链产业省域发展的第一阵营。

一批区块链赋能传统金融机构焕发新机——浙商银行、杭州银行、浙江农信系统、浙商证券等传统金融机构纷纷借助区块链金融重构传统业务媒介，创新业务模式和业务流程，推动浙江省传统金融业产生新动能，顺利实现动能转换、产业升级。

一套涉及资金、平台、人才要素的机制发挥合力——浙江地区生产总值和数字经济规模均位居全国第一阵营，一批智库、高校和新型科研机构（如西湖大学、之江实验室、阿里达摩院等）纷纷落地浙江省，省会杭州近几年人才净流入一直位居全国前列，成为新一轮海归人才创业就业首选地之一，信息软件、金融服务等高端技术产业的人才集聚效应和要素整合后的合力效应正日益显现。

伴随着数字经济的快速发展，浙江省拥有数字经济新业态发展的肥沃土壤及良好的营商环境。在数字经济的延伸应用方面，浙江省取得了显著成效，有力推动了省域经济高质量发展。在此基础上，浙江省与沙特公共投资基金在工业互联网、物联网、智能制造、智能投顾、数字金融、供应链管理、资产交易、合约管理等方面的合作潜力巨大。

（二）浙江省吸引沙特投资合作的制造业领域优势

作为制造业大省，浙江省对制造业的高质量发展从未放松。2019 年 9 月，杭州宣布全面实施"新制造业计划"，到 2025 年，杭州制造业要形成 1 个万亿级产业集群、5 个千亿级主导产业集群、10 个百亿级产业集群，对传统产业进行迭代升级。

制造业和数字经济同样也是外资在浙江"筑巢"的主攻方向。2019 年浙江制造业实际利用外资 43.7 亿美元，同比增长 13.2%，约占全部实际利用外资的 32%。高技术制造业和服务业合计实际利用外资 40.5 亿美元，占全省总量的 29.9%。

从具体产业来看，化工、医药、通信设备制造等产业，成为近年来外资"入浙"的重点产业。同时，信息传输、软件和信息技术服务业，租赁和商务服务业，科学研究和技术服务业，批发和零售业，交通运输、仓储和邮政等服务业，也是外资持续加码的领域。

浙江省的产业集聚效应具有明显优势，这一方面可以做强产业链，提升与外商进行贸易活动的产品和服务能力，另一方面可以增强综合吸引力，持续吸引相关外资集中落地。

半导体产业集聚——2019 年以来，嘉兴海宁市聚焦半导体专用装备、基础材料、核心元器件三大重点领域，搭建起资金优先统筹的高质量发展平台，规划到 2022 年，海宁泛半导体产业规模将超过200 亿元。除了国内相关机构纷纷入驻海宁泛半导体产业园，日本铁三角高端音响设备等外资项目也落地产业园，集聚效应日益明显。

2015 年 11 月，浙江省首个省级国际产业合作园——浙江中德（嘉兴）产业合作园揭牌成立，该合作园重点发展高端（精密）机械设备制造、汽车关键零部件制造、电子信息产品制造等，成为德资企业在华发展的重要平台。截至 2019 年底，浙江省已创建 20 家国际产业合作园。

浙江省的自由贸易试验区经济、港口经济、湾区经济、数字经济和制造业都对沙特投资产生了巨大吸引力。特别是，浙江省可以考虑通过与沙特共同创建浙沙产业合作园（也可选择两国双园模式）的方式，吸引沙特资本及沙资企业来园投资兴业，形成沙特资本、企业和产业的集聚效应，重点在能源化工、金融科技、移动支付、数字金融方面开展全面投资合作。

第八章　浙江和沙特旅游产业合作研究

曹笑笑

以沙特为代表的海合会国家是当今全球旅游业最活跃和发展最为迅速的地区之一。在去石油化经济转型过程中，大多数海合会国家都将旅游业作为推动经济改革的重要引擎。2016 年，沙特发布的"愿景"将旅游业视为沙特经济改革的重要支柱产业，并指出：未来，旅游业将在增加政府财政收入、吸引对外投资、提升私有化经济比重和吸纳就业四个方面对沙特经济多元化转型发挥重要作用。本章通过文献研究梳理了沙特旅游业在各阶段的发展历程与脉络，在分析各类相关指标和数据的基础上探讨了当前沙特旅游业面临的主要挑战，通过对近期沙特政府重点项目和相关政策文件的分析预测沙特旅游业未来的发展方向和趋势，并在此基础上寻找浙江省与沙特在旅游领域合作的可能性。

第一节　沙特旅游业的发展历程

沙特旅游业发端于宗教朝觐。在石油发现前，朝觐活动是沙特最重要的国民经济收入来源，二战后，随着海湾地区石油的发现及其随之带来的大量石油美元财富，朝觐经济在国民经济中的重要性一度下降。进入 21 世纪以来，受海湾战争、"9·11"事件、全球化浪潮以及石油价格危机等一系列事件的影响，沙特迫切需要实现经济多元化改革目标，现代旅游业将成为推进国内经济改革和社会改革的支柱行业。

一　沙特旅游业的前石油时代

朝觐是伊斯兰教的"五功"之一，伊斯兰教规定每个穆斯林有生之年在条件允许的情况下去沙特麦加朝觐一次，因此，麦加的朝觐活动古已有之。沙特建国之初，特别是在石油尚未发现之前，朝觐收入是沙特财政收入最主要的来源。20 世纪 30 年代至 40 年代中期，受西方经济危机和第二次世界大战影响，朝觐收入因失去西方资金支持而下滑严重。二战后，随着海湾地区石油的开发，沙特将目光转向石油工业，特别是在政府 1952 年全面取消朝觐税后，朝觐经济在国民经济中的重要性逐渐让位于石油经济。可以说，前石油时代的沙特朝觐业更多是一种基于宗教信仰的跨国宗教活动，而非现代意义上以消费和度假为目的的旅游活动。

二　沙特旅游业的后石油时代

20 世纪末，受海湾战争和国际石油价格下跌影响，海湾阿拉伯国家集体遭遇了经济衰退的重创，这使之意识到只有采取经济多元化战略，摆脱对石油的依赖，才能实现国民经济健康、持续发展。这一时期，除朝觐业继续受到大力扶持外，沙特政府也开始积极主张发展国内其他非朝觐旅游业。

2002 年，沙特最高旅游委员会成立。2008 年，因进一步发展需要，该委员会更名为沙特旅游和国家遗产委员会，成为沙特旅游管理的最高机构，同时设下属机构沙特旅游数据统计中心（MAS）。同年，沙特推出了《国家 20 年旅游发展规划》，这也是沙特发展国内旅游业的第一个总体规划。

在这一规划指导下，沙特近十年旅游业发展主要成就可概括如下。

（1）通过倡导文化遗产和古迹保护，沙特国民的旅游意识和沙特文化的地区影响力不断提升。2008～2014 年，沙特境内有十处历史古迹成功申遗，被纳入世界文化遗产名录。沙特还通过启动遗产保护计划，建造伊斯兰博物馆，将各类文化古迹打造成传统文化科教中心。此外，沙特还积极开展"沙特历代文物精品展"，通过在世界各国巡回展出沙特的精品文物，提升沙特文化的全球知名度。

（2）通过成立各类投资公司和旅游基金，促进国内旅游业的发展。沙特旅游和国家遗产委员会先后成立了沙特古迹酒店公司、沙特旅游发展与投资公司、地产发展公司等，其中地产发展公司被认为是沙特旅游投资计划的核心内容。

过去十年，沙特的入境游、出境游和国内游均取得了显著的发展：入境游人次从 2006 年的 862 万人次增长到 2019 年的 1730 万人次；出境游人次从 2006 年的 677 万人次增长至 2018 年的 2966 万人次；国内旅游人次从 2006 年的 2708 万人次增长到 2019 年的 4651 万人次。2018 年，沙特 52.4% 的非石油收入来自旅游业，旅游业对沙特 GDP 的总贡献率达到了 10.2%（UNWTO 官网数据）。此外，旅游业还成为沙特除石油产业外吸纳劳动力就业最多的产业。

第二节　沙特旅游产业结构与现状

一　沙特入境游市场

沙特旅游统计机构官网统计数据显示，自 2016 年沙特王储穆罕默德·本·萨勒曼提出"愿景"以来，2017～2019 年，沙特入境游客数量从 1648 万人次增长到 1730 万人次，入境旅游消费从 260.8 亿美元增长至 269.3 亿美元（见表 8-1）。

表 8-1　2016～2019 年沙特入境旅游数据统计

	2016 年	2017 年	2018 年	2019 年
入境游人数（万人次）	—	1648	1530	1730
入境旅游消费（亿美元）	249.1	260.8	249.3	269.3

资料来源：世界旅游组织，http://statistics.unwto.org/method_ notes_ tourism_ stat_ database_ 2019ed。

从入境游类型来看，鉴于沙特是在 2019 年 9 月底才对外开放旅游签证，朝觐游仍是目前沙特最主要的旅游业态。朝觐游包括了每年的正朝和副朝：正朝指在伊历 12 月 8 日至 12 日举行的朝觐活动，根据沙特官方统计，2019 年沙特正朝总人数为 248.9 万人次，其中来自境外朝觐人数为 185.5 万人次，占比 74.5%，来自境内正朝人数为 63.4 万人次（25.5%），这些沙特境内的正朝人数包括了21.1万沙特人和42.3万非沙特人；副朝指除12月正朝的那几天外，一年四季都可以进行的朝觐活动，2019年沙特副朝总人数为1915.8万人次，其中境外为745.8万人次（见表8-2）。也就是说2019年来自境外的朝觐游客总人数（包括正朝和副朝）达到了约931.3万人，其旅游消费额占到了全年入境旅游消费总额的73.2%。

表8-2　2017～2019年沙特副朝人数统计

	境内人数（万人次）	境外人数（万人次）	总人数（万人次）	增长率（%）
2017年	1254.7	653.2	1907.9	—
2018年	1154.5	676.6	1831.1	-4.2
2019年	1170.0	745.8	1915.8	4.6

资料来源：沙特统计局，https：//www.stats.gov.sa/sites/default/files/umrah_2019_a-15-3.pdf。

从入境游客源国结构来看，2019年统计数据显示，海湾国家游客人数占比最多，占入境游客总人次的37.7%，其次是南亚国家（16.7%）、其余中东国家（14.7%）、东亚国家与环太平洋国家（11.1%）、非洲国家（7.7%）、欧洲国家（7.3%）和美洲国家（4.8%）（见图8-1）。

海湾国家游客主要来自科威特、阿联酋、巴林三个国家，占到了沙特全年入境旅游总人次的37.7%。由于这些国家与沙特都有陆路接壤，交通便利，并实行类似于欧盟的申根签证制度，因此，这些海合会国家间的人员往来十分频繁，除了部分出于工作目的的商务、会议访问外，大部分为购物游、探亲游。

来自南亚、东亚以及其余中东国家的入境游客大多为劳务

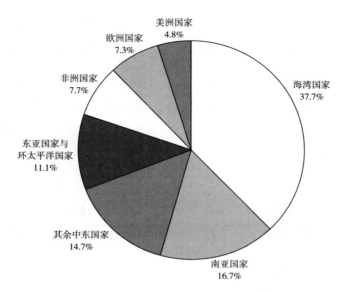

图 8-1 2019 年沙特入境旅游市场份额

资料来源：世界旅游组织，http：//statistics. unwto. org/method _
notes_ tourism_ stat_ database_ 2019ed。

输入类型游客。一部分是以巴基斯坦、印度、印度尼西亚、孟
加拉国、马来西亚为代表的南亚和东南亚国家，约占整个入境
旅游市场份额的 **39.5%**；另一类是以埃及、约旦、阿尔及利亚
和苏丹为主的非海合会阿拉伯国家，约占入境旅游市场份额的
13.8%。从近年来的变化趋势可以看出，"愿景"发布之后，
巴基斯坦、印度尼西亚、孟加拉国这三个国家入境沙特的人口
数量总体呈增长态势，与之相反的是埃及、约旦等国入境沙特
的人数不断下降，这表明近年来沙特以东南亚和南亚的劳动力
输入代替原先周边阿拉伯国家劳动力输入的趋势日益明显（见
图 8-2）。

来自欧美的游客主要以海外移民反向输入游客为主，或称之为

返乡探亲游客。其中以英国人数最多，这个国家是沙特移民、海外教育的主要输出对象国。

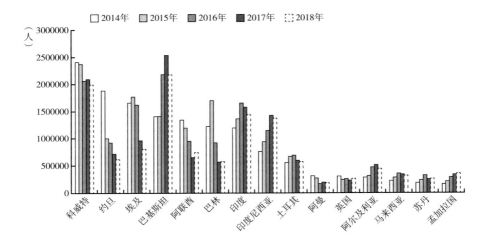

图 8 - 2　2014～2018 年沙特入境客源情况（排名前 15 位的国家）

资料来源：世界旅游组织，http：//statistics. unwto. org/method_ notes_ tourism_ stat_ database_ 2019ed。

二　沙特出境游市场

世界旅游组织官网统计数据显示，近五年来沙特出境游人数从 2014 年的 2232.3 万人次下降到了 2019 年的 1680.3 万人次，境外旅游总消费从 2014 年的 251.4 亿美元下降到 2019 年的 168.5 亿美元（见表 8 - 3）。

从出境游目的地来看，居民境外游主要前往三类国家：第一类是周边海合会国家，占到了沙特出境游客总人数的一半以上；第二类是中东其他旅游胜地，如埃及、约旦和土耳其；第三类为美国、英国等沙特主要境外移民流向国（见图 8 - 3）。

表 8 – 3　2014～2019 年沙特出境游主要指标数据

指标	2014 年	2015 年	2016 年	2017 年	2018 年	2019 年
总人次（万）	2232.3	2505.4	2761.8	2874.8	2965.7	1680.3
总消费（亿美元）	251.4	203.7	176.7	190.7	179.3	168.5

资料来源：世界旅游组织，http：//statistics. unwto. org/method＿ notes＿ tourism＿ stat＿ database＿ 2019ed。

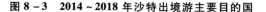

图 8 – 3　2014～2018 年沙特出境游主要目的国

资料来源：世界旅游组织，http：//statistics. unwto. org/method＿ notes＿ tourism＿ stat＿ database＿ 2019ed。

三　沙特国内旅游市场

沙特旅游和国家遗产委员会官网统计数据显示，近年来沙特国内旅游人数的峰值出现在 2015 年，随后从 2016～2018 年，旅游人数连续三年出现下降，且 2016 年的下降幅度最为明显（－7.8%），直到 2019 年才开始出现小幅回升（见表 8－4）。

表 8 - 4   2014～2019 年沙特国内旅游人数

单位：万人次

类型	旅游目的	2014 年	2015 年	2016 年	2017 年	2018 年	2019 年
过夜游	度假和旅游	632.9	1901.9	1911	1600.7	1658.0	1919.4
	其他个人目的	2788.1	2557.2	2456.9	2635.7	2511.4	—
	商务游	289.1	186.0	135.7	145.7	156.1	—
一日游	—	—	667.0	766.6	483.9	308.9	325.6
	总数	4377.1	5411.7	4987.5	4691.0	4651.1	4798.6

资料来源：沙特旅游和国家遗产委员会。

总而言之，沙特国内旅游因基础设施建设落后，娱乐设施和景点开发不足、服务意识差等，发展环境不佳，这导致同等服务的国内旅游和国外旅游价格倒挂，沙特国内旅游发展仍面临窘境。

第三节   当前沙特旅游业发展面临的主要问题

尽管沙特"愿景"对发展旅游业寄予了厚望，但事实上受近年来沙特周边的一系列地区事件，如 2015 年开始的也门战争、2017 年 6 月的卡塔尔断交危机、不断走低的国际油价的影响，沙特国内旅游业发展步履维艰，沙特政府期待的旅游多元化业态和可持续发展机制远未形成。2020 年，突如其来的新冠肺炎疫情对沙特旅游业来说更是雪上加霜。一方面，受世界经济"休克"影响，原本就已经供过于求的原油，价格不断探底，使沙特财政状况进一步恶化，一些大型基础设施、旅游建设项目因资金短缺而停摆；另一方面，因国际旅行受阻，原本作为旅游业支柱的朝觐游损失严重。2020 年 2 月底，沙特宣布暂停副朝，一年一度的正朝也仅保留了 1000 人名额的规模，且朝觐者全部来自国内（其中 70% 是居住在沙特阿拉伯的外国公民，30% 是沙特公民），这在沙特历史上尚属首次。对比 2019 年 248.9 万人次的朝觐规模，沙特损失高达数十亿美元。从长期来看，未来沙特旅游业的发展还面临着以下五大问题。

一　社会风气保守、国际形象差

为什么要发展非朝觐旅游业是沙特政府需要向民众，尤其是向国内保守势力阐明的首要问题。考虑到旅游业能带来经济上的收益，这一问题对其他国家来说也许并不是一个难题，但对于以宗教保守主义立国的沙特来说，这意味着反传统。世俗旅游（相对于宗教朝觐游这一概念来说）带来的大量非穆斯林游客，以及随之而来的自由主义、享乐主义、非伊斯兰观念和习俗，将会对当地社会、宗教、文化乃至自然生态造成影响，一直是海湾国家决定发展世俗旅游业的障碍之一。在这一方面，有成功的先例如阿联酋，也有失败的典型如科威特。科威特在 2005 年就制定了《国家旅游总体计划》，但科威特政府在发展旅游业这个问题上一直举棋不定。沙特是伊斯兰教的发源地，又深受瓦哈比教派影响，其保守风气在所有海湾国家中最为严重，在其他海湾国家可以出现的酒吧、电影院等，近年来才开始在沙特陆续出现，因此，长期以来沙特被人们认为是最不适宜发展旅游业的国家之一。

此外，沙特糟糕的国际形象也为旅游业发展带来了负面影响。

沙特政府对国内政治舆论的压制，对持不同政见者的迫害一直为西方国家所诟病。2018 年 10 月，沙特记者贾马尔·哈舒吉在土耳其沙特领事馆遇害一事使沙特的国际形象跌至谷底，并直接影响了同年原本预定在沙特召开的投资者大会，西方国家为抵制沙特人权暴行集体缺席会议，这对急切需要通过吸引外资来启动国内庞大旅游项目建设资金的沙特来说，情况不容乐观。

此外，在旅游项目的开发过程中，围绕政府利益和公民利益、经济利益和社会利益、社会开放与传统守旧之间的矛盾也将不断显现，最近一次冲突就是 2020 年 4 月，政府为发展 Neom 计划强行驱逐当地霍威塔（Howeitat）部落事件。因此，即使沙特开放世俗旅游，能否对国外游客，特别是对西方游客产生吸引力仍是未知数。正如伦敦国王学院的安德烈亚斯·克雷格（Andreas Kreig）博士所说：“尽管沙特有最美丽的风景、海滩和历史性地标，但可能只有那些不关心政治、没有批评沙特政权的不良记录，或对 100 多名政治犯没有同情的人才会感兴趣到沙特旅游。”

二　旅游基础设施建设落后

旅游基础设施建设主要包括道路交通设施建设和住宿餐饮设施建设两个方面。

（一）道路交通设施建设

目前，沙特国内的道路交通设施建设的主要问题为区间发展不平衡和总体设施建设落后。国内的航空和铁路运力基本都集中在首都利雅得，以及朝觐圣地麦加附近，这导致国内旅游出行成本居高不下，因此 75% 以上的沙特居民主要选择公路出行。

利雅得作为沙特首都，其居住人口占到了国内总人口的 30% 左右，而麦加则是因为每年要接待上千万名来自世界各地的朝觐游客。2018 年统计数据显示，利雅得的哈立德国王国际机场和吉达的阿卜杜勒－阿齐兹国王国际机场的游客吞吐量占到了沙特境内所有机场运量的 65%（见图 8－4）。除这两个地区外，其他城市的机场建设都比较落后，运力不足。

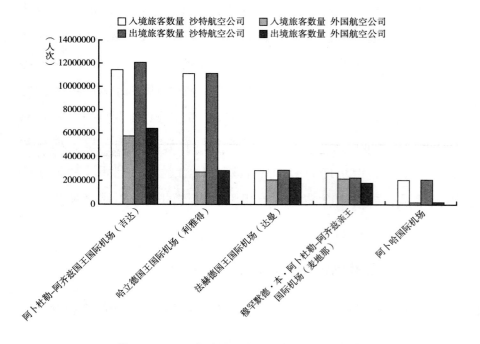

图 8－4　2018 年沙特五大机场出入境旅客数据

资料来源：沙特统计局，https：//www. stats. gov. sa/en/1020。

除航空运力外，沙特国内的铁路和轨道交通建设也仍十分落后。截至 2019 年，沙特国内仅有两条客运铁路：一条为连接东部港口城市达曼和利雅得的铁路，全长 449 千米；另一条为位于沙特西部连接麦加和麦地那的城际轻轨，全长 450 千米，主要用于运送朝觐游客。

　　从公路建设情况来看，目前沙特国内已建公路和正在建设中的公路约有 13 万千米，主要集中在利雅得地区、阿西尔地区和麦加地区，已建成的公路中仅有 42.2% 的道路是含照明和绿化的柏油路（见表 8－5）。城际高速公路的配套设施建设也严重不足，缺少加油站、休息站、餐饮店、汽车修理店、清真寺等场所，卫生设施令人担忧，厕所脏乱差，缺少供水系统。在阿西尔地区和沙特北部地区，高速公路和相关的配套设施建设几乎为零。

表 8－5　2018 年沙特境内公路修建情况

单位：千米

区域	类型	柏油路	含照明和绿化的柏油路
利雅得省	已建成	25156.7	7408.8
	修建中	1011.6	562.1
阿西尔省	已建成	17443.9	5340.6
	修建中	2513	1176.8
麦加省	已建成	16341.3	5369.5
	修建中	748.1	304.3
卡西姆省	已建成	10941.2	5129.3
	修建中	736.6	533.5
东部省	已建成	10970.7	5392.5
	修建中	242.4	179.9
哈伊勒省	已建成	8986.1	3698.9
	修建中	625	262.6
麦地那省	已建成	8413.1	4424.7
	修建中	2653.1	1570.5

续表

区域	类型	柏油路	含照明和绿化的柏油路
巴哈省	已建成	5329.5	3353.5
	修建中	336.2	114.2
吉赞省	已建成	4283.3	2043
	修建中	600.4	499.4
塔布克省	已建成	4114.5	4794.3
	修建中	416.1	372.1
纳季兰省	已建成	2233.3	1354.6
	修建中	123	33.5
焦夫省	已建成	2854.5	1197.7
	修建中	99.6	116.7
北部边疆省	已建成	2009.2	751.4
	修建中	178.3	29.1
总数	已建成	119077.3	50258.8
	修建中	10283.4	5754.7

资料来源：沙特统计局，https：//www. stats. gov. sa/en/482 - 0。

（二）住宿餐饮设施建设

沙特国内住宿业的地区发展不平衡和供需矛盾也较为突出。沙特近75%的酒店和酒店式公寓集中在麦加、麦地那和利雅德三个城市。为保持朝觐游的平稳发展，沙特政府不断扩建麦加和麦地那附近的宗教设施和景点，兴建各类酒店和住宿区，国内80%以上的豪华酒店和国际连锁酒店都集中在这两大宗教圣城附近，导致朝觐旅游成本不断上升，朝觐体验不断下降，这也是近年来游客不断抱怨宗教朝觐商业气息越来越浓厚的原因之一。另外，非朝觐游客接待能力不足导致安全事故不断发生，2015年麦加大清真寺发生塔吊倒塌事故，造成100多人死亡，238人受伤。

与之形成鲜明对比的是，在朝觐区域以外的旅游区域，酒店建设数量严重不足。例如，在距离麦加仅 88 千米的塔伊夫城内，仅有一家五星级酒店。沙特 2018 年统计数据显示，沙特境内仍有 44% 的酒店未纳入评级体系，五星级酒店比例只占到了已统计酒店的 7.6%，少于 6 人以下的小微住宿企业数量占到了行业企业总数的 84.7%。餐饮业情况也是如此，84.5% 以上的餐饮企业的员工少于 6 人（见表 8 - 6）。大量未评级酒店和餐饮企业的存在，增加了沙特当局的管理难度，致使沙特国内旅游住宿、餐饮价格过高的现象普遍存在。

表 8 - 6　2018 年沙特旅游相关企业统计数据

	企业类型	少于 6 人	6～49 人	50～249 人	250 人以上	总数
1	餐饮服务企业	44395	7914	173	36	52518
2	住宿服务企业	7706	1074	264	57	9101
3	汽车租赁企业	3121	648	67	2	3838
4	旅行社	1983	847	65	8	2903
5	公路运输企业	906	562	177	17	1662
6	体育与休闲活动企业	1178	361	31	0	1570
7	文娱活动企业	291	189	0	0	480
8	其他旅游相关类企业	201	29	7	0	237
9	水路运输企业	29	14	0	0	43
10	航空运输企业	0	0	0	31	31
11	铁路运输企业	0	0	0	6	6

资料来源：沙特统计局，https：//www.stats.gov.sa/en/491 - 0。

三　旅游投资环境不佳

对外国投资者来说，沙特并不是海外投资的理想国。沙特政府官僚作风盛行，行政手续烦琐，办事效率低下。外国公司想在沙特投资成立公司，往往需要耗费大量的时间和金钱。此外，沙特为保护本国公民就业，强推沙化率指标，但沙特籍员工往往素质低、工资高又不易管理，无形中增加了企业的投资成本和管理难度。因此，相比旅游业，外国投资者更愿意将资本投向沙特房地产业和高新科技领域。

而对沙特本地的中小旅游企业来说，资金不足和抗风险能力弱是其面临的普遍性问题。目前，沙特旅游业中80%以上的企业都属于私有中小微企业，相比其他行业，旅游业在沙特仍属于不被扶持的产业和高风险产业。如工农类企业可免费向政府申请厂房建设和农业用地，并享受水电费减免的优惠政策，其投资资金的70%还可向政府贷款，但旅游类企业享受不到这些优惠措施。2016年，为扶持旅游中小微企业，沙特政府曾推出过一项"代理商计划"，但由于受门槛设置过高、附加条件众多等限制，预期效果并不理想，不少旅游企业反映："基金规定贷款的80%必须用于固定资产投资，只有20%能用于人员培训经费，而事实上这一比例应该对调，这说明财政部对旅游业的行业属性并不了解。"

2018年，沙特政府针对境内旅游企业的一项调研报告显示，旅游企业反映的突出问题包括：①政府的各种官僚和审查手续烦琐；②不稳定的基础设施供应，包括电力供应、水供应、燃料供应以及网络基础设施；③旅游企业获取资金支持的难度较大（见表8-7）。

表8-7 沙特旅游企业经营面临的主要问题

	旅游企业面临的主要挑战	无阻碍（%）	有阻碍（%）
1	熟练劳动力	51	49
2	电价	56	44
3	营业执照	41	59
4	（无间断）电力供应	28	72

续表

	旅游企业面临的主要挑战	无阻碍(%)	有阻碍(%)
5	水价	41	59
6	政府官僚手续	34	66
7	社会安全与稳定	26	74
8	获取资金的便利性	24	76
9	燃料价格	56	44
10	通信便利度(电话、网络)	19	81
11	政府审查手续	24	76
12	(无间断)燃料供应	17	83
13	(无间断)水供应	11	89
14	劳工法	21	79
15	土地/房屋租金	20	80

资料来源：《2018 年沙特旅游企业报告》，https：//www. stats. gov. sa/ar/491 - 0。

四　财政恶化下的旅游企业成本上升

国际油价 2014 年开始步入下行通道，到 2020 年 4 月，受新冠肺炎疫情影响甚至出现了暴跌，这使以石油收入为主的沙特财政入不敷出。沙特政府最近公布的数据显示，2020 年第二季度沙特财政赤字高达 291 亿美元。为应对不断扩大的财政赤字，沙特政府推出了一系列开源节流的改革举措，包括增加税种、减少能源价格补贴、压缩政府投资等，对旅游业产生了消极影响。

2016 年底，沙特政府宣布为提高城市服务水平，将向提供市政服务的企业、商店、酒店等征收城市服务税。根据税收规定，旅游关联行业（如酒店、住宿公寓、度假村和游乐场等）都需缴纳一定比例的执照费用和服务税，通过增加这一税种，沙特政府预计每年可从旅游业获得 320 万美元的税收收入。但对绝大多数依靠房租为生的中小微旅游企业来说，这一税收大大降低了它们的利润空间，加之之后沙特政府又取消了政府对国内能源的价格补贴，导致旅游企业的经营成本大幅提高，进一步抑制了私人资本对旅游业的投资兴趣。旅游企业提高的经营成本又通过住宿、门票、服务费等转嫁到消费者身上，导致沙特国内旅游业更为萧条。服务税自开征以来，沙特酒店业的收入明显下降，许多五星级酒店降级为三星级，同时大批投资者和中小私营企业退出旅游领域，这些困境都反映在旅游统计数据中，从 2016 年以来，沙特旅游业，国内旅游人数都出现了不同程度的下降。

五　国内劳动力的结构性缺陷

沙特是海湾地区最大的劳务输入国，沙特劳工部 2019 年底统计数据显示沙特劳务市场上约有 1022 万名外籍劳工，占国内劳动力市场的 76.3%。在旅游业领域，庞大的外籍劳工群体占了旅游业从业总人数的大部分，且主要集中在 50 人以下的中小企业中（见表 8 - 8）。

表 8 - 8　2019 年沙特境内旅游企业从业人员情况

单位：万人

	企业类型	少于 6 人		6 ~ 49 人		50 ~ 249 人		250 人以上		总数
		沙特人	非沙特人	沙特人	非沙特人	沙特人	非沙特人	沙特人	非沙特人	
1	住宿服务企业	0.9	2.1	0.8	2.2	0.9	3.1	0.4	1.4	11.8
2	餐饮服务企业	1.1	1.2	2.1	12.0	0.2	1.2	0.3	1.2	19.3
3	公路运输企业	0.4	0.01	0.4	1.0	0.4	1.0	0.2	0.6	4.01
4	旅行社	0.3	0.6	0.4	0.5	0.2	0.5	0.1	0.2	2.6
5	汽车租赁企业	0.3	0.7	0.2	0.4	0.1	0.3	0.02	0.06	2.08

续表

	企业类型	少于6人		6～49人		50～249人		250人以上		总数
		沙特人	非沙特人	沙特人	非沙特人	沙特人	非沙特人	沙特人	非沙特人	
6	航空运输企业	0	0	0	0	0	0	1.7	1.2	2.9
7	体育与休闲活动企业	0.01	0.1	0.4	0.4	0.09	0.2	0	0	1.2
8	文娱活动企业	0.01	0.04	0.06	1.1	0	0	0	0	1.21
9	铁路运输企业	0	0	0	0	0	0	1.3	0.03	1.33
10	其他旅游相关类企业	0.04	0.04	0.04	0.06	0.05	0.06	0	0	0.29

资料来源：《2018年沙特旅游企业报告》，https：//www.stats.gov.sa/ar/491-0。

大量外来劳动力减少了本国公民的就业机会，导致沙特国内失业率居高不下。为此，沙特政府在新经济转型计划中提出了劳动力国民化目标，强制提高沙特员工的就业比例。2015年，沙特劳工部针对19个工种停止发放永久性、临时性或季节性工作签证；2017年夏季开始，沙特对雇用外籍劳工的企业每人征税25欧元，到2020年，税额提高至每人100欧元，这使得主要依靠外来劳动力的旅游企业人力资源成本大大增加。

不少沙特旅游企业的雇主们抱怨，相对于外籍员工，沙特本国劳动力工作效率低下，不愿从事艰苦的体力劳动以及清洁、餐饮、酒店等服务性工作。沙特高等教育又主要以理论教育和宗教教育为主，几乎没有应用类院校和职业技术学院，沙特员工也不具备旅游业的从业技能和素养，好不容易花费大量精力和财力对他们进行培训，一旦有好的机会便更换工作。沙特劳动力市场的结构性缺陷进一步加剧了旅游企业的用工成本。

第四节 沙特旅游业未来发展规划与重点项目

沙特地处阿拉伯半岛，国土面积 225 万平方千米。东临波斯湾、西临红海，拥有 2448 千米的海岸线和世界上美丽的海滩。此外，沙特还是伊斯兰教的发源地，拥有麦加和麦地那两座伊斯兰教圣城和诸多宗教古迹。相较于周边的海湾国家来说，不论是自然旅游资源还是人文旅游资源都具有显著的优势。但受宗教思想、社会风俗和石油资源等因素影响，长期以来沙特非宗教旅游业发展并不受重视。随着后石油时代的逐渐到来和全球化浪潮的不断深入，无论是从经济角度考虑，还是从社会开放、与国际接轨角度考虑，都将促使沙特政府在未来越来越重视旅游业的发展。

一 总体发展规划与目标

在此背景下，2016 年沙特新王储萨勒曼公布的"愿景"将旅游业定位为未来沙特经济发展中的朝阳产业，并将其作为推动沙特经济多元化转型的主要引擎，将在增加政府财政收入、吸引对外投资、提升私有化经济比重和吸纳就业四个方面对沙特经济转型发挥重要作用。

从具体目标来看，"愿景"提出，首先，到 2030 年，旅游业对沙特 GDP 的贡献比重将从目前的 3% 提升至 10%，旅游收入从 2015 年的 228.8 亿美元增加至 2020 年的 316.8 亿美元，成为仅次于石油产业的第二大收入来源；其次，旅游业投资从 2015 年的 386.6 亿美元提升至 2020 年的 457.3 亿美元，其中 64% 的投资将来自私人资本，旅游业将成为沙特吸引外资和私人投资的主要部门；最后，旅游业作为劳动密集型产业，到 2020 年计划从业人员将达到 120 万人，沙特籍劳动力比例将提升至 29.6%。

二　重点发展项目

为实现上述目标，萨勒曼王储推出了一系列举足轻重的旅游开发项目，主要包含以下四个（见表 8-9）。

（1）未来城（Neom City）项目。2017 年沙特王储宣布投资 5000 亿美元，打造全球首个未来主题城市。2019 年 1 月 29 日，沙特宣布以"NEOM"名义成立封闭式股份公司负责该项目具体运营，沙特主权财富基金全资拥有。该项目位于沙特西北部塔布克省的红海沿岸，覆盖了沙特 468 千米的海岸线，总面积达 2.65 万平方千米。该项目包含对城市、机场、海港、旅游区、工业园区和"创新中心"的建设，第一阶段预计于 2025 年完成建设，其间每年将为沙特创造数千个工作岗位，带来 1000 亿美元的收入。

（2）齐迪亚（Qiddiya）娱乐城项目。2018 年沙特政府宣布了打造国内首个大型家庭主题游乐园项目，该项目位于利雅得郊外 45 千米处，占地 334 平方千米，预计于 2023 年建成，建成后将成为沙特标志性娱乐胜地和全球最大的娱乐城市。该项目投资达 26.7 亿美元，建成后每年将吸引 1700 万人次游客，为沙特提供 1.7 万个就业岗位。

（3）红海项目。沙特政府于 2019 年宣布的一项大型旅游项目，欲将吉达以北 500 千米处沃季赫（al-Wajh）和阿姆莱纪（Umluj）之间的 90 个岛屿，占地 2.8 万平方千米的区域打造成一个豪华的国家滨海旅游目的地。项目斥资 35 亿美元，是沙特公共投资基金的三大项目之一，第一期将于 2022 年完工，2030 年全面建成后，将为沙特创造 7 万个就业岗位，并为沙特 GDP 贡献约 58.6 亿美元的收入。

（4）阿乌拉项目。沙特政府在 2020 年第十届联合国世界城市论坛上发布了阿乌拉大型旅游开发项目。阿乌拉位于沙特西北部的塔布克省，占地 2.2 万平方千米。该项目以沙特第一个联合国教科文组织世界遗产 Hegra 为依托，计划通过古迹开发与保护、先进的基础设施建设、自然和文化生态系统整合，将其打造成世界上最大的生活博物馆。项目预计投资 200 亿美元，于 2035 年前建成，建设期间将为沙特增加 3.5 万个工作岗位，带来 320 亿美元的收入，建成后每年可吸引 200 万人次的游客。

表 8 - 9　"愿景"下的沙特主要旅游开发项目

序号	项目名称	启动时间	预计完成时间	总投资额（亿美元）
1	未来城项目	2019 年	第一阶段于 2025 年完成	5000
2	齐迪亚娱乐城项目	2018 年	2023 年	26.7
3	红海项目	2019 年	2030 年全面完工	35
4	阿乌拉项目	2020 年	2035 年	200

资料来源：笔者根据沙特旅游数据统计中心官网数据整理，www.mas.gov.sa。

这四个重点项目代表了未来沙特旅游经济多元化发展的不同方向和可能性。未来城项目的选址位于阿拉伯半岛最西北端，与埃及、约旦和伊拉克接壤，全球 70% 的人口都可以在 8 小时内乘飞机到达那里。它远离沙特当前的政治、经济和宗教中心，可以说是一个全新定义出来的区域。此外，沙特方面还宣布，该城市拥有独立于现有沙特政府框架的运营机制，并拥有自己的税收、劳动力法律和自治司法制度，未来城市将成为沙特对外开放和经济改革的前沿，成为沙特打造未来可持续发展型、智慧型和创新型城市的样板。

相对于未来城项目主打高科技、智慧型城市概念，红海项目是沙特发展滨海旅游的试验地，这一项目利用邻近圣城麦加和麦地那的区位优势（与两地相距 350～400 千米，开车 3～4 小时便可到达），极佳的自然旅游资源和相对开放的旅游发展政策，发展最受阿拉伯人喜爱的滨海旅游业；至于作为"古代文明家园"复兴计划的阿乌拉项目，其重要意义在于将沙特打造成为一个注重传统文化和遗产保护，重视传统艺术创新的文化强国形象，从而提升其在阿拉伯世界乃至伊斯兰世界的文化影响力，并与卡塔尔的多哈和阿联酋的阿布扎比等城市展开文化竞争。

三　旅游区域发展布局

要想勾勒未来沙特旅游业的发展布局，需同时考虑旅游资源禀赋和交通进入便利性两大因素。从旅游资源禀赋来看，沙特国内具有旅游价值的自然和人文景点主要集中在西部沿红海地区的麦地那、麦加、塔布克和巴哈四个省份。

麦地那省主要围绕以乌姆鲁吉（Umluj）、延布为代表的沿海城市和一系列岛屿组成的海滨游，以穆斯林圣城麦地那为中心的宗教朝觐游，以及以玛甸·沙勒（Madain Saleh）为代表的古迹游。乌姆鲁吉和延布两个城市，特别是被称作沙特马尔代夫的乌姆鲁吉，其蔚蓝的海水和田园诗般的岛屿使其成为沙特人夏季避暑的好去处；麦地那拥有先知寺、库巴清真寺等宗教名胜；玛甸·沙勒的纳巴泰遗迹在 2008 年被联合国教科文组织列入世界遗产名录。

麦加省以吉达、泰夫（Taif）和麦加三个城市为主。吉达素有红海新娘之称，也是沙特的商业中心，风景如画、娱乐活动丰富；泰夫是沙特人最喜欢的夏季旅游目的地之一，拥有凉爽的气候、茂密的森林和历史悠久的村庄，被称为"希贾兹花园"；麦加是全球穆斯林朝觐的圣地。

巴哈省是沙特西南区文化的代表，其境内的 Al-Janabain 山谷是徒步旅行者和冒险者的天堂，拥有众多历史古迹以及橄榄农场、鸟类保护区和蜂巢。而北部的塔布克省，拥有肥沃的山谷、沙质地貌和岩层奇观。

根据《沙特国家旅游业发展报告（2001～2019）》，过去 20 年，沙特开发的旅游景点大都位于西部红海沿线，而未来计划进一步开发的旅游景点也都集中在红海沿海区域的麦地那、塔布克和巴哈。

综上所述，未来 10～15 年沙特旅游产业发展的总体思路为围绕西部沿红海区域的麦地那、麦加、塔布克和巴哈，以未来城、红海、阿乌拉和齐迪亚娱乐城四大建设项目为重要抓手，在继续发展朝觐旅游基础上，重点开发新型都市游、滨海游、古迹游和家庭游等旅游新业态，通过旅游产业提升社会开放度、国际知名度以及进一步实现国内经济多元化的目标。

第五节　浙江和沙特旅游合作对策与建议

后疫情时代，浙江加强与沙特在旅游领域合作的动力如下。

一 主动应对后疫情时代入境游市场开发需要

从当前浙江省入境旅游客源构成来看，主要以近距离的中国台湾、中国香港和韩国为主，其次是长距离的美国、意大利等欧美国家。受疫情影响，以及中美关系紧张影响，这些国家的入境旅游客源受到持续影响，短期内难以复苏。反之，"一带一路"的其他亚非国家，特别是东南亚国家由于疫情控制得当，其旅游市场有望更快恢复。尽管危机的来临是被动的，但我们应主动应对，积极求变，这样在危机中才能蕴藏出新的机遇。

阿拉伯国家有巨大的旅游客源市场开发潜力。从世界旅游组织和伊斯兰会议组织的相关报道来看，中东旅游市场是近年来全球范围内出境游增长最快的地区，尤其是海湾阿拉伯地区。2018 年海合会阿拉伯国家出境游消费额达到 468 亿美元，占到了全球穆斯林旅游消费总额的 31%，沙特则是海合会国家中最主要的出境旅游客源国。

二 利用旅游合作推动双方在其他领域的交流合作

旅游业是一个具有强辐射效应的行业。一方面，旅游交往从本质上来说是一种文化交往，体现的是一个国家的文化吸引力和辐射力，为此，加强双边旅游交往必定能促进双方在人文领域的交流和合作；另一方面，旅游涉及的食住行购等多个领域，双边旅游的频繁往来也将促进双方在产品贸易、智慧旅游平台建设、电子支付等领域的深入合作。

从目前双方旅游产业发展情况来看，浙江省与沙特间的旅游发展存在着明显的不平衡性。浙江省基础设施建设完善、旅游资源丰富，旅游产业经过近十年的高速发展，已成为该省的一个重要产业；而沙特国内的旅游产业（除朝觐业外）仍处在规划建设的起步阶段，基础设施建设、产业发展意识、政策制度环境仍面临诸多挑战，因此，当前阶段开展与沙特在旅游领域的合作，应主要围绕旅游联合营销活动、参与沙特旅游基础设施建设、数字旅游产业合作三个方面展开。

（一）通过旅游联合营销活动培育双边旅游客源市场

当前，浙江省与沙特双边旅游交往的一个主要问题就是双边旅游的知名度不高，为此，现阶段双方需要在联合旅游营销上花费较大精力。作为初期市场的培育，具体形式可包括：旅游主管部门互相增设驻当地旅游办事处，专门负责旅游联合推广事宜，包括联合拍摄城市旅游主题宣传片，在双方各大主流媒体上进行播放；联合制作和互推高质量的旅游纪录片；共同组织巡回路演、文化展览等文化推介活动；联合推出买家体验游活动；合作设计和推广精品旅游线路等。

此外，双方还可以加强彼此在旅游学术研究领域的合作，围绕遗产保护，旅游文明理念构建，旅游目的地文化和社会心理研究，双边旅游合作机制、模式和政策等议题，开展联合研究和学术研讨。

（二）参与沙特旅游基础设施建设

基础设施建设是旅游业发展的基础和根本，也是当前沙特旅游业发展的短板，面临资金短缺、技术不足等难题。为此，从 2019 年 9 月开放旅游签证以来，沙特投资总局在吸引国内外企业投资建设基础设施方面不遗余力，包括酒店和房地产项目的建设，如国外的丽思卡尔顿酒店、雷迪森酒店以及本土品牌的阿尔可扎玛（Al-Khozama）酒店、希拉（Seera）酒店等；综合娱乐城、大型购物中心项目，如加拿大三五集团（Triple Five Group）综合体项目、阿联酋的马吉德·富塔姆集团（Majid Al Futtaim）项目，与格雷格·诺曼公司（Greg Norman）的高尔夫球场建设项目等。这些项目的共同特点都是具有较高的国际品牌知名度，主打高端市场。在这一方面，浙江省的连锁酒店品牌可以利用这一契机进入沙特市场，不论是其高端酒店行业市场，还是中端市场都有广阔的发展空间可以开拓。

（三）将数字旅游产业合作作为切入点

《2018 年伊斯兰经济发展报告》中指出当前全球伊斯兰旅游产业最具投资价值的项目之一就是伊斯兰数字旅游产业。这是因为科技的发展和穆斯林人口的年轻化，正在改变着穆斯林获取旅游咨询和旅游产品的方式。目前，已有 55% 的穆斯林通过在线平台预订旅游项目，这使未来诸如"携程"之类的旅游在线预订平台拥有无限商机。事实上，早在 2016 年，中国在线旅游预订网站"去哪儿网"的创始人之一、天使投资人道格拉斯·胡（Douglas Khoo）就参与了穆斯林旅游在线平台 Tripfez 的投资，该平台在短短一年内获得了快速发展。

浙江省的互联网产业发展迅速，在智慧旅游景区建设、旅游大数据管理、旅游 App 开发、数字支付等领域都具有先进的技术和丰富的实践经验，以"数字旅游"合作为切入点，可以串联和整合沙特旅游产业链上的各个环节，带动旅游企业进行针对性市场开发，利用数据资源不断提升旅游产品和服务质量，从而形成市场开发的良性循环。

第九章　浙江和沙特的人文交流合作研究

包澄章

自 1993 年中国成为石油净进口国以来，能源合作长期是中国与沙特等海湾阿拉伯国家的首要合作领域。随着中国同除巴林外的海湾阿拉伯国家建立起不同层次的战略伙伴关系，海湾阿拉伯地区成为阿拉伯地区内部与中国建立战略伙伴关系最密集的次区域，以沙特为首的海湾阿拉伯国家在中国与阿拉伯地区整体合作中的战略价值不断上升。

第一节　中国和沙特人文交流的战略意义

自 2016 年 1 月中国与沙特建立全面战略伙伴关系以来，人文交流在推进中沙两国战略合作、增进战略共识方面的作用日渐凸显。

第一，人文交流塑造基于价值认同的政治互信，构成了中沙建立长期稳定合作关系的前提和基础。人文交流是仅次于政治安全合作、经济贸易合作，成为国家间关系发展的重要助推力。通过人员、思想和文化等不同层面及形式的互动与沟通，人文交流旨在实现增进各国民众间的相互认知与了解、塑造区域文化认同和价值认同、达成区域政治合法性支持的三大递进式目标。① 人文交流虽然不会必然促成政治互信的建立，但因其内容丰富、形式灵活，对拉近不同对象距离、增进相互理解具有难以替代的作用。② 作为"人与人沟通情感和心灵的桥梁""国与国加深理解和信任的纽带"，人文交流相较于政治与经贸等传统合作手段，在增进各国共识、推动区域发展方面更具"基础性、先导性、广泛性和持久性"，"比政治交流更久远，比经贸交流更深刻"③，与其他领域的合作相比更具优势。海湾阿拉伯国家与西方大国的亲疏关系，使得这些国家在与中国开展合作上持有不同程度的疑虑与谨慎态度，而对中国制度与文化认知度、亲近度和欣赏水准的差异，也使得不同海湾阿拉伯国家与中国在开展同一领域合作上的利益诉求不尽相同，即使在同一个国家内部，不同部落、教派和政治势力也可能对与中国开展合作持不同立场。

相较于单向的文化输出，人文交流更强调作为交流主体的"人"在互动过程中的价值观沟通。人文交流塑造的价值认同，既有对共同、共通价值观念的认同，也包括对异质文明具有个性和特

---

① 许利平：《中国与周边国家的人文交流：路径与机制》，《新视野》2014 年第 5 期，第 119 页。

② 邢丽菊：《何以人文：中外人文交流的意义》，《世界知识》2017 年第 23 期，第 19～20 页。

③ 刘延东：《深化高等教育合作　开创亚洲人文交流新局面》，《世界教育信息》2010 年第 12 期，第 11 页。该讲话是时任中共中央政治局委员、国务委员刘延东在 2010 年 11 月 13 日召开的亚洲大学校长论坛开幕式上的致辞。

殊内涵的价值取向的理解。人文交流推动一国民众理解和基本认同另一国的政治体制、发展道路、价值观念及政策取向[①]，这种基于理解和认同的信任关系即政治互信，构成了中国与沙特之间建立长期、稳定、牢固合作关系的前提和基础。

第二，中国与沙特主导的伊斯兰核心文化圈的人文交流，有利于带动中国与伊斯兰世界和阿拉伯国家的整体合作。发端于阿拉伯半岛的伊斯兰教经过 1400 多年的发展，形成了覆盖西亚、北非、中亚、南亚和东南亚等地区既相互联系，又各具特色的伊斯兰文化圈。历史上中国与位于伊斯兰文化圈核心地带的阿拉伯半岛国家之间的人文交流，为推动各自的繁荣与进步留下了文明交往与文明互鉴的佳话。新中国成立后，以朝觐为主要形式的宗教交流在推动中国与沙特政治领域的合作上发挥了积极作用。沙特凭借其坐拥伊斯兰教两大圣城，以及作为伊斯兰合作组织、伊斯兰世界联盟和世界穆斯林大会三大国际伊斯兰组织总部或秘书处所在国的优势，长期主导着伊斯兰世界事务的话语权。通过人文交流奠定中国与沙特各领域合作的社会和民意基础，在海湾阿拉伯国家和伊斯兰核心文化圈形成区域辐射效应，对拓展中国与国际伊斯兰组织的政治合作、深化中国与其他伊斯兰国家的关系、实现中华文化圈同伊斯兰文化圈的良性互动，具有重要的现实意义。

沙特"愿景"将"沙特作为阿拉伯和伊斯兰世界核心国家的重要地位"列为"愿景"的首要支柱，中国与以沙特为代表的伊

[①]　刘延东：《深化高等教育合作　开创亚洲人文交流新局面》，《世界教育信息》2010 年第 12 期，第 19 页。

斯兰核心文化圈的人文交流，可以同时对海湾阿拉伯地区、西亚和伊斯兰世界形成不同层次的辐射效应，使得中国与伊斯兰国家在次区域、区域和跨区域层面的整体合作形成"大多边带动小多边，小多边促进双边，双边推动大小多边"的发展态势。[①]

第三，新冠肺炎疫情下中沙在卫生领域的人文交流，旨在弱化疫情的政治敏感性和提升合作的高度。新冠肺炎疫情的发生和扩散限制了国与国之间人员的自由流动，公共卫生危机下的社交隔离措施进一步阻碍了人文交流的正常开展。疫情在全球各地的持续蔓延凸显国际防疫合作的迫切性和必要性，卫生领域的人文交流因此展现出强劲动能。在以疾病通过跨国传播对他国公共卫生构成威胁为主要特征的突发公共卫生事件中，医疗卫生领域的人文交流构成了医疗外交的特殊形式。

疫情背景下的医疗卫生领域的人文交流包括分享防控和救治经验、提供医疗物资和技术援助、联合开展疫苗研发和临床试验、声援他国抗疫等，其意义主要体现在以下几个方面。首先，疫情引发了部分国家将疫情政治化以转移国内防疫不力的"甩锅""推责"行为，以卫生人文交流对冲和弱化疫情的政治敏感性，是一种有效化解合作中政治风险的手段；其次，医疗物资和技术援助展现援助国对受援助国民众的关爱和人道主义精神，有助于改善援助国国家形象和提升援助国的软实力，是一种具有道义高度、不求直接经济利益回报的利他性行为；再次，大国迥异的防疫理念、政策和成效，

---

① 包澄章：《中国与阿拉伯国家人文交流的现状、基础及挑战》，《西亚非洲》2019 年第 1 期，第 153～154 页。

成为其他国家选择合作对象的重要考量，进而成为推动大国关系调整和国际格局变动的重要因素。疫情背景下的人文交流旨在夯实和巩固国与国之间的现有合作，维系和稳定后疫情时期的合作，谋划未来合作的方向与重点，防止供应链的断裂和"脱钩"，对遏制民族主义和"逆全球化"思潮的抬头具有积极意义；最后，在疫情导致传统人文交流受限的情况下，线上防疫合作对人文交流数字化的先行先试，可为疫情后的人文交流形式创新提供经验。沙特所在的海湾地区是中东最早暴发疫情的区域，中沙抗疫合作展现出国际人道主义精神，成为特殊时期两国战略合作伙伴关系的最佳注解。

地方人文交流是国家层面人文交流在地方层面的延伸。地方人文交流的特殊性主要表现为行为主体下沉、与经济交往关系密切等。① 对外拓展经济合作是地方政府在对外交往过程中的主要关切，因此地方人文交流整体上服务于地方政府对外经济合作的需求。地方政府基于自身条件和优势，在对外开展人文交流时在形式上更加灵活、内容更加丰富、主体更加多元。

第二节　中国和沙特人文交流的总体趋势

中国与沙特的人文交流在巩固传统领域合作的同时，也在不断开发新的合作领域和增长点。青年交流的兴起、"汉语热"的升温、联合考古的探索以及数字化转型，正成为中沙双方人文交

---

① 潘亚玲：《战略竞争背景下如何稳定中美关系——地方人文交流视角》，《国际展望》2018 年第 6 期，第 42 页。

流的新趋势。

第一，青年交流在人文交流中的比重显著上升。从政策规划角度来看，青年交流已被列入中国与阿拉伯国家开展人文交流的重点领域之一，也是中沙全面战略伙伴关系期望拓展合作的领域之一。2016 年 1 月发布的《中国对阿拉伯国家政策文件》强调，中国面向阿拉伯国家实施"杰出青年科学家来华计划"，鼓励双方青年科技人才交流，积极推动中阿青年交流，加强双方青年事务部门交往，增进双方各界青年杰出人才的接触与交流。① 同月发布的《中华人民共和国和沙特阿拉伯王国关于建立全面战略伙伴关系的联合声明》强调要"加强两国青年、体育和职业技术领域合作，增进友好的两国和两国人民间的沟通和友谊"②。青年人口膨胀是包括沙特在内的海湾阿拉伯国家面临的共同挑战，沙特 25 岁以下青年群体人口占比高达 46%。对处于经济转型关键期的沙特而言，当前的人口结构既是"人口红利"，也是造成社会经济问题和安全问题的潜在风险因素。③ 青年交流对于中国与沙特整体合作的意义体现在四个方面：一是通过青年视角理解沙特社会结构中的代际变迁、青年群体特点以及社会问题，可以为双方在社会领域的合作夯

① 《中国对阿拉伯国家政策文件》，新华网，2016 年 1 月 13 日，http：//www. xinhuanet. com/world/2016 – 01/13/c_ 1117766388. htm，登录时间：2020 年 8 月 19 日。

② 《中华人民共和国和沙特阿拉伯王国关于建立全面战略伙伴关系的联合声明》，《人民日报》2016 年 1 月 20 日，第 2 版。

③ "Dubai Seeking to Meet Needs of GCC Youth Population," Oxford Business Group, https：//oxfordbusinessgroup. com/analysis/young – heart – meeting – needs – region% e2% 80% 99s – growing – youth – population，登录时间：2020 年 4 月 8 日。

实认知基础；二是青年群体成见相对较少，双方青年在共同关注的问题上交换观点，更易培育"共同认知"和消除当前中沙之间的认知赤字；三是基于社会现实问题的青年交流有助于提升青年群体的社会责任意识和领导力，为中沙双方的外交工作提供人才储备；四是通过青年交流积累友好人脉和营造友好合作氛围，可为两国未来合作注入更多动力。

第二，"汉语热"在沙特国内持续升温。继 2018 年 7 月阿联酋宣布于 2019 年在该国 100 所学校开设中文课程后，沙特于 2019 年 2 月宣布将中文纳入该国所有教育阶段的课程。沙特将中文教学纳入本国的国民教育体系，旨在促进沙特的文化多样性，建立符合市场需求的教育体系，提升本国未来的人才竞争力，这不仅折射出沙特推行语言多元化教育的政策思路转变，也反映出在国际格局深刻变动背景下沙特为未来拓展与中国的合作空间储备中文人才的战略考量。从教学主体的角度看，在沙特等海湾阿拉伯国家从事中文教育的，既有当地公立和私立高校的相关院系，也有中国国家汉办与当地高校合办的孔子学院，但沙特国内的中文教育在课程体系设置、标准化方面仍有较大提升空间。①

第三，联合考古成为双方发掘古代丝绸之路文明印记、促进文明交流与互鉴的新尝试。以考古探源古代丝绸之路上的文明交往，是中国打破西方长期占据世界文明研究制高点、垄断文明研究话语

---

① 参见廖静《阿拉伯海湾地区的汉语教育政策变迁与汉语教育的发展》，《云南师范大学学报》（对外汉语教学与研究版）2019 年第 5 期，第 15～21 页。

权①的有效路径之一。以考古探索古代丝绸之路的历史印记，则是该路径在阿拉伯地区的具体实践。推动与红海和阿拉伯海沿岸国家的文化遗产国际合作，是近年来中国与海湾阿拉伯国家拓宽人文交流领域，以"丝路精神"引领各领域合作的新尝试。2019 年 1 月，中国与沙特联合考古队对沙特塞林港遗址的考古发掘活动取得重要进展，发现大型建筑遗址，出土了包括中国瓷器在内的诸多文物，为还原古代中阿民族交往的历史图景提供了重要的物质文化资料，具有重要参考价值。

第四，人文交流的数字化转型，为未来两国拓宽交流领域、创新交流模式提供了新机遇。移动互联网和智能手机的普及、数字技术的进步正在改变传统人文交流的理念和形态，也在改变作为交流主体的"人"的行为偏好。中国与沙特等海湾阿拉伯国家的人文交流从现实走向"云端"的转变在新冠肺炎疫情前期就已初露端倪，疫情进一步加速了数字经济的转型，使得人文交流得以突破地理空间限制，向更广泛的"云端"探索新的发展模式。云课堂、云展览、云展演、云旅游、云集市等线上活动，正在为疫情后线下人文交流的恢复蓄积势能。数字化转型正在为未来中国与沙特等海湾阿拉伯国家实现投资、科技和文化等领域的融通与合作，创新人文交流的形态与模式提供新机遇。沙特民众网上购物消费总额自 2020 年 2 月疫情暴发至 7 月增长了约 4 倍，消费者网购快速消费品比比例从 6% 飙升至 55%。这一数字的背后是

---

① 郑海鸥：《中国考古，走出国门探源世界文明》，《人民日报》2016 年 11 月 24 日，第 19 版。

浙江执御信息技术有限公司的电商服务平台，该平台在沙特配送服务网络覆盖的城市从疫情前的 60 个增至近百个。① 中国与沙特在数字科技领域开展合作，在提高移动支付在沙特的普及、激活商业活力和发展潜力、完善沙特数字生态系统等方面，可以发挥其独特且重要的作用。

第三节　浙江和沙特人文交流的现实条件

浙江省的经济体量、人口数量、综合优势、国际化程度、文化底蕴等，使得该省具备与沙特开展人文交流的现实条件。

首先，从经济体量和人口数量来看，2019 年，浙江省人口总数约 5850 万人，沙特人口约 3427 万人；浙江省国内生产总值（GDP）达 62352 亿元（合 9039 亿美元），沙特国内生产总值达 7929.67 亿美元；浙江省人均 GDP 达 107625 元（合 1.56 万美元），沙特人均 GDP 达 1.14 万美元。② 浙江省凭借庞大的经济体量和人口数量，具备同沙特开展人文交流的经济和人口条件。

---

① 景玥、黄培昭：《患难见真情　共同抗疫情：中阿加强数字化合作》，《人民日报》2020 年 7 月 9 日，第 3 版。

② 参见《2019 年浙江省国民经济和社会发展统计公报》，浙江省统计局，2020 年 3 月 5 日，http：//tjj. zj. gov. cn/art/2020/3/5/art_ 1562012_ 42101962. html；《2019 年浙江省经济运行情况分析：GDP 为 62352 亿元增长 6.8%（附图表）》，中国产业研究院，2020 年 2 月 2 日，https：//s. askci. com/news/hongguan/20200202/1023081156579. shtml；" Saudi Arabia," World Bank，https：//data. worldbank. org/country/saudi - arabia；" GDP Per Capita（Current US $)," World Bank，https：//data. worldbank. org/indicator/NY. GDP. PCAP. CD，登录时间：2020 年 11 月 16 日。

其次，从综合优势来看，长三角是中国发展基础最好、体制环境最优、开放程度最高的区域之一，浙江地处长三角南翼，独特的区位条件以及"四港"融合、国际经贸、跨境电商、新金融服务、全球浙商等综合优势条件①，使得浙江省的国际竞争力日益凸显。浙江省可将优势转化为与沙特开展人文交流的资源和载体，创新中沙人文交流的形式，弱化人文交流的官方色彩。在文化产业领域，"之江文化产业带"的数字文化、影视生产、动漫游戏、创意设计、文化演艺等优势行业，使浙江具备在文化产业领域与沙特开展合作的基础。

再次，从国际化程度来看，杭州具备地方人文交流所需的国际化城市要素。根据仲量联行发布的 2020 年"世界 20 大最具活力城市"榜单，浙江省省会杭州位列第 15 位，沙特首都利雅得位列第18 位。② 该榜单根据城市人口、GDP、全球化、交通发展、技术创新、基础设施建设、企业增长动力等指标，综合计算出城市动量指数（City Momentum Index），据此评选全球最具活力城市。杭州和利雅得具备城市开放度、交通便利度、价值多元化、经济增长活力和区位优势等国际化城市的基本要素，因此在动员民间力量参与地方人文交流方面具备独特的优势。

最后，从文化底蕴来看，浙江的历史传统、人文优势和文化基因孕育了浙江的文化底蕴。义利双行的善谋实利、人我共生的和谐

---

① 《浙江：发挥区位优势　全面推进开放强省建设》，中评网，2018 年 5 月 21 日，http：//www.crntt.com/doc/1050/7/5/2/105075215.html，登录时间：2020 年 11 月 20 日。

② https：//ceoworld.biz/2020/01/27/top - 20 - most - dynamic - cities - in - the - world - for - 2020/.

互助、尚德向善的品性修养、崇学重教的耕读传家、穷高极远的探微精研、兼容并蓄的包容开放等地域民风①，为沙特人文交流提供了天然素材，为浙江打造文化品牌奠定了基础。

第四节　深化浙江和沙特人文交流的思路与对策建议

浙江省和沙特基于各自的文化资源禀赋和优势条件，在人文交流领域具有广阔的合作空间。深化沙特人文交流与合作，既需要考虑双方各自的资源禀赋和文化政策，也需要顺应中沙人文交流的整体趋势。从现实角度看，浙江省和沙特可将数字人文交流、城市人文交流和弘扬"浙商精神"作为未来开展人文交流与合作的三大支柱。这里谨提出以下几点建议。

第一，以"数字人文交流"创新人文交流形式。疫情的蔓延在限制人际交往地理空间的同时，也极大地拓展了人际交往的虚拟空间。浙江省的数字化发展水平在全国居于领先地位，并在疫情期间得到了充分证实。阿里巴巴搭建的"数字防疫系统"使得浙江省基于数字化治理的防疫经验被复制推广至国内其他省市。根据"2019 浙江产业数字化转型二十强地区"榜单，杭州市余杭区、萧山区，宁波市鄞州区，慈溪市，杭州市滨江区，乐清市，海宁市，杭州市临安区，桐乡市，湖州市吴兴区，瑞安市，新昌县，绍兴市

---

① 江于夫、郑亚丽：《浙江精神的传统文化底蕴——访省社科院副院长陈野》，《浙江日报》2019 年 9 月 5 日，第 2 版。

柯桥区，永康市，德清县，平湖市，温岭市，余姚市，绍兴市上虞区和台州市路桥区被评为全省产业数字化转型 20 强地区。这 20 强地区具备产业数字化的基础设施、支撑能力、应用能力、赋能能力等关键要素，可以成为沙特"数字人文交流"的试点地区。当前，沙特正在斥巨资建设未来城，促进经济和文化多元化。未来城集城市、港口和企业园区、研究中心、体育和娱乐场所、旅游目的地多种功能于一体，是沙特"愿景"的核心项目之一。对主导"愿景"的沙特王储穆罕默德·本·萨勒曼而言，沙特经济和文化多元化战略是其树立国内权威的关键。数字化转型已成为中沙人文交流的新趋势，"数字人文交流"既是未来沙特创新人文交流形式的突破口，也是推动沙特经济和文化多元化战略实施的重要抓手。在这方面，一是建议由浙江省商务厅牵头，积极向沙方宣介"之江文化产业带"的总体规划、建设思路和重点产业，提升其在服务中沙人文交流领域的地位，推动"之江文化产业带"与沙特未来城计划在数字产业等领域的战略对接；二是沙特双方可在疫情期间探索以"云旅游""云展览""云集市"等形式，创新中沙人文交流的模式与内容。杭州、宁波等城市可利用"长三角一体化"重大机遇，同长三角城市共同开发中国东部城市文明与历史的数字博物馆资源，考虑同沙方博物馆共同举办"中沙文明云展览"等线上活动，为后疫情时期双方的线下人文交流与合作奠定基础。

第二，以城市人文交流提升人文交流的文化资源配置能力。人文交流产生的效果很大程度上取决于双方文化产业的资源配置能力，人文交流可推动文化资源配置能力的提升，城市在这方面具有独特的资源优势。相较于国家层面的人文交流，城市间的人文交流具有更大的灵活性，建议从两个方面推进沙特在城市层面的人文交流：一是推进友城合作。当前沙特城市尚未与中国任何一座城市建立友城关系，这为沙特推进友城合作提供了机遇。沙特国王萨勒曼在2015年登基前，担任利雅得省省长达50年，推动浙江省省会杭州同利雅得省省会利雅得结成友好城市，对推动沙特在人文等各领域的合作具有重要的战略意义。建议由浙江省人民政府外事办公室牵头，由驻阿使馆协调联络，尽快推动杭州与利雅得结成友好城市；二是互设语言课堂。沙特已在全学段开设中文教学，对中文教师需求量大，浙江在深化与沙特人文交流与合作的过程中，也需要大量精通阿拉伯语的专业人才。但在国内外疫情反复的当前，直接的人员往来尚有困难，建议由浙江外国语学院牵头，与沙特方面互设网络语言教学课堂，推进中文教学在沙特主要城市落地，逐步提升浙江省境内阿拉伯语专业人才的语言能力。

第三，以"浙商精神"提升人文交流服务贸易商业合作的功能。浙江特有的地理环境、生产生活方式、人口迁徙和文化交融背景，造就了浙江人民兼具农耕文明和海洋文明的文化特质，锤炼了浙江人民兼容并蓄、励志图强的生活气度①，形成了以血缘家族为核心、以地缘关系为纽带，强调同乡互助、团结合作②的"浙商精神"。"浙商精神"不仅体现在外出经商者从社会关系网络中摄取

---

① 林吕建、唐玉：《论当代浙商精神的科学内涵》，《浙江社会科学》2011年第8期，第61页。

② 陈立旭：《地域文化与浙商合作精神》，《杭州师范大学学报》（社会科学版）2010年第5期，第95页。

信息和社会支持上，也体现在浙江本土专业化特色产业群上①，这与沙特强调"义利并重""群己互利""共同富裕"价值取向②的商业文化具有共通性。浙江省在以人文交流带动沙特贸易商业领域交往的过程中，需要在人文交流活动中充分体现"浙商精神"。沙特人文交流需充分考虑沙特国内人口的年轻化趋势及其文化特质。沙特国内 15 岁至 34 岁青年人口占比高达 36.7%③，该群体热衷电脑游戏和手机游戏。由于沙特本地手游企业研发实力较弱，本地手游市场基本上被中国和欧美企业所垄断，沙特玩家对欧美写实风格的手游和中国策略类手游接受度较高。近年来，沙特政府推出了一系列扶植私营经济、鼓励年轻人创业的政策，以此推动国家经济多元化转型。因此，开发符合沙特青年文化偏好和沙特经济政策精神的手游产品，是沙特人文交流合作的可行路径。在这方面，建议由浙江省文化和旅游厅牵头，组织省内（国内）知名手游企业，开发以城市题材和"浙商精神"相结合的手机游戏，打造既能展现浙江人文底蕴和旅游资源，又能传播浙江经商文化，集人文性、休闲性和娱乐性于一体的手游产品，以此推广浙江的商业文化、城市环境和文化特色。条件成熟时，可适时开发手游周边产品，打造从产品到品牌、从品牌到文化的人文交流模式。

---

① 陈立旭：《地域文化与浙商合作精神》，《杭州师范大学学报》（社会科学版）2010 年第 5 期，第 96 页。
② 详见冯璐璐《中东经济现代化的现实与理论探讨》，人民出版社，2009，第 240 ~ 245 页。
③ https：//english. alarabiya. net/en/News/gulf/2020/08/10/Youth－account－for－36－7－percent－of－Saudi－Arabia－s－total－population－Report，登录时间：2020 年 11 月 9 日。

后　记

　　本书是浙外阿拉伯研究中心获评浙江省新型智库后，集众人之力产出的第一本著作，从组织编写到即将出版历经两年，作为主编，由衷地感到高兴和激动。在此，我想对本书编写的来龙去脉和写作过程作一个简短说明，并对在这一过程中付出努力的每一位成员表示由衷感谢。

　　首先，关于本书的由来。2018 年，我校的阿拉伯研究中心被列为省级新型智库后，大家一直在思考和探索如何更好地推进我省与"一带一路"沿线国家，特别是阿拉伯国家双边合作提供智力服务，使研究中心能真正配得上"智库"这一称谓。2019 年夏天，浙江省省长袁家军率团访问沙特期间，省外办领导和同事就浙江如何更好地与沙特开展全面合作征询我们的意见，这便成为创作这本书的最初由来。在随后的写作过程中，已有不少章节以专报形式呈送相关部门和机构，并得到了采纳和批示，这对于我们团队而言是莫大的鼓励与肯定。

　　其次，关于参与写作的团队。本书在编写之初，就充分考虑到相关研究应兼顾理论性和应用性，既体现学界研究的理论深度又能对企业的具体实践起到一定的指导作用，鉴于此，团队汇集了来自国内各高校和科研院所的研究人员，以及一线的行业精英。第一章"'沙特2030愿景'解读"由北京第二外国语学院前校长周烈教授执笔；第二章"后疫情时代中沙关系分析"由国际问题专家马晓霖教授和林樱子老师撰写；第三章"浙江和沙特的产能合作研究"由上海社科院能源问题专家孙霞老师和我校郭筠老师联合撰写；第四章"浙江和沙特的货物贸易合作研究"由我校宋树理、刘彬老师联合撰写；第五章"浙江和沙特跨境电子商务合作研究"由杭州师范大学电子商务专业林菡密博士和我校刘奕辰老师联合撰写；第六章"浙江参与沙特产业园发展研究"由沙特（吉达）中国城投资方——宁夏阿莱曼进出口贸易有限公司董事长李少祥和我校康雨莎博士联合撰写；第七章"浙江和沙特双向投资研究"由中国建设银行投资问题专家张睿亮撰写；第八章"浙江和沙特旅游产业合作研究"由我本人撰写；第九章"浙江和沙特的人文交流合作研究"由上海外国语大学中东研究所包澄章副研究员撰写。

此外，还要一并感谢浙江省外办的领导、同事们和社会科学文献出版社的编辑对本书提出的宝贵修改意见，使之能完整及时地呈现在读者面前。后续，希望得到更多来自同行和读者的反馈，以便持续改进我们的工作！

曹笑笑

2021 年 12 月 23 日

图书在版编目（CIP）数据

中沙合作与浙江机遇／曹笑笑主编 . - - 北京：社
会科学文献出版社，2021.12
　ISBN 978 - 7 - 5201 - 8934 - 7

　Ⅰ.①中…　Ⅱ.①曹…　Ⅲ.①国际合作－经济合作－
研究－浙江、沙特阿拉伯　Ⅳ.①F125.4

　中国版本图书馆 CIP 数据核字（2021）第 245033 号

中沙合作与浙江机遇

主　　编／曹笑笑

副主编／刘　彬　郑　蓉

出 版 人／王利民
责任编辑／李明伟
责任印制／王京美

出　　版／社会科学文献出版社·国别区域分社（010）59367078
　　　　　　地址：北京市北三环中路甲29号院华龙大厦　邮编：100029
　　　　　　网址：www. ssap. com. cn
发　　行／社会科学文献出版社（010）59367028
印　　装／唐山玺诚印务有限公司

规　　格／开　本：787mm × 1092mm　1/16
　　　　　　印　张：14　字　数：160千字
版　　次／2021年12月第1版　2021年12月第1次印刷
书　　号／ISBN 978 - 7 - 5201 - 8934 - 7
定　　价／112.00元

读者服务电话：4008918866